绘写时代壮美画卷
镌刻人社奋斗印记

——全国人社工作创新实践集萃

中国劳动保障报社　组织编写

编 委 会

主任　谢　瑗　陆　文

成员　武　唯　职新建　赵祥昆　曾佩佩　李　奕
　　　王俊英　刘文涛

中国劳动社会保障出版社

图书在版编目（CIP）数据

绘写时代壮美画卷　镌刻人社奋斗印记：全国人社工作创新实践集萃／中国劳动保障报社组织编写. 北京：中国劳动社会保障出版社，2024. -- ISBN 978-7-5167-6613-2

Ⅰ．F249.21；D632.1

中国国家版本馆 CIP 数据核字第 2024DZ7473 号

中国劳动社会保障出版社出版发行

（北京市惠新东街 1 号　邮政编码：100029）

*

北京华联印刷有限公司印刷装订　新华书店经销
787 毫米×1092 毫米　16 开本　18.75 印张　166 千字
2024 年 9 月第 1 版　2024 年 9 月第 1 次印刷

定价：39.00 元

营销中心电话：400-606-6496
出版社网址：http://www.class.com.cn

版权专有　　侵权必究

如有印装差错，请与本社联系调换：（010）81211666
我社将与版权执法机关配合，大力打击盗印、销售和使用盗版图书活动，敬请广大读者协助举报，经查实将给予举报者奖励。

举报电话：（010）64954652

前　言

新时代绘写壮美画卷，新征程开辟崭新天地。党的十八大以来，大江南北，人社高质量发展的音符激昂嘹亮；长城内外，人社人守护"万家灯火"的初心矢志不移。

2023年以来，《中国劳动保障报》在一版开设"新时代新征程·人社事业高质量发展"专栏，全面聚焦在习近平新时代中国特色社会主义思想科学指引下，人社工作取得的辉煌成就，人社系统干部职工展现的精神风貌。

深入实施就业优先战略，积极构建高质量充分就业工作体系；积极稳妥推进社保制度改革；专业技术人才和技能人才队伍加快建设；劳动人事争议调解仲裁水平持续提高；根治欠薪行动扎实推进，劳动关系总体和谐稳定……人社系统将加强人力资源开发利用作为服务中心大局的主题主线，踔厉奋发、凝聚合力，在推动经济高质量发展、增进民生福祉上锚定目标、加压奋进。

人社工作一头连着民生，一头连着经济发展。全国各级人社部门是服务民生的主力军，"千头万绪的事，说到底是千家万户的事"。人社工作开展得好不好，群众最有发言权。

本书选取了2023年31个省（区、市）和新疆生产建设兵

团的人社地方篇章，从人社工作的不同领域、不同角度，服务的不同群体、不同年龄层出发，展现了这些地方人社工作的创新举措、典型做法。

其中，有推动就业与产业同步转型升级，着力形成更多高质量就业增长点的鲜活探索；有开展职业技能培训助力群众走出大山，实现人生华丽转变的生动故事；有通过集体经济组织补助城乡居民基本养老保险，强化居民养老保障功能的有益尝试；有设立"办不成事"反映窗口，全力解决企业和群众急难愁盼问题的创新做法；有筑牢法治根基、全面推进"法治人社"建设的基层实践；有优质人社公共服务资源跨越城乡、进村入户的细致展现……人社工作的惠民举措，创新接地气、扎实而具体，获得了企业、群众的广泛认可。

看似寻常最奇崛，成如容易却艰辛。通过多路记者的深入探寻，一项项源于基层、贴近群众的创新之举得以呈现，同时让人看到的是人社工作者以"群众满意不满意作为检验工作成效试金石"的工作导向。人社工作者深入制造业生产一线、走到灵活就业者身边、走进农民工劳动现场……"串千家门、知千家忧、解千家难"，他们迈开"铁脚板"，展现新担当，真正"把惠民生、暖民心、顺民意的工作做到群众心坎上"。

2024年5月27日，习近平总书记在主持中共中央政治局就促进高质量充分就业进行第十四次集体学习时，对促进高质量充分就业作出重要指示，强调要坚持以人民为中心的发展思想，全面贯彻劳动者自主就业、市场调节就业、政府促进就业和鼓励创业的方针，持续促进就业质的有效提升和量的合理增长，不断增强广大劳动者的获得感、幸福感、安全感，为以中国式现代化全面推进强国建设、民族复兴伟业提供有力支撑。

习近平总书记的重要讲话，提出了一系列新思想、新论断、新要求，为做好新时代新征程就业工作、促进高质量充分就业提供了根本遵循。

高质量充分就业是人社事业高质量发展的应有之义，党中央的高度重视、经济的高质量发展，为人社事业的高质量发展增添了不竭的信心和底气。

2024年是新中国成立75周年，是实现"十四五"规划目标任务的关键一年。迈着坚定的步伐，人社系统干部职工将以习近平总书记的重要指示为根本遵循，在新时代新征程上，全面推动人社事业高质量发展，以优异的成绩迎接新中国成立75周年。

中国劳动保障报社
2024 年 6 月 18 日

目 录

全 国 篇

稳就业　兜底线　书写高质量人社答卷
　　——2023 年全国人社工作综述 ………………………… 003

以高质量党建引领保障人社事业高质量发展
　　——2023 年人社部门党建工作综述 …………………… 014

数字化转型助社保经办跨上高质量台阶
　　——我国社保经办服务全面提升治理效能 …………… 021

厚植人才成长沃土　锻造技能人才大军
　　——我国技能人才队伍建设迈向新台阶 ……………… 027

激活人力资源引擎　赋能高质量充分就业
　　——我国人力资源流动管理工作谱新篇 ……………… 033

务实笃行　促进高质量充分就业
　　——全国人社系统用情用力稳就业保民生 …………… 040

数字赋能人社发展　提升便民服务质效
　　——人社信息化建设迈上新台阶 ………………………… 047

以"标准"擦亮人社惠民底色
————人社领域基本公共服务标准化试点总结推广
　　　　现场会综述 …………………………………………… 053

助发展惠民生　增福祉添活力
————全国劳务协作、劳务品牌成就综述 …………… 060

释放博士后创新创业"动能" ………………………… 066

为稳就业搭好台唱好戏
————2023年大中城市联合招聘高校毕业生秋季专场回眸 … 071

地 方 篇

依法治欠的首都样本
————北京落实《保障农民工工资支付条例》三年记 ……… 079

聚天下英才　绘海河新卷
————天津人社高质量发展助力"制造业立市" …………… 085

燕赵出新育人策　技能成才堪报国
————记河北职业能力建设工作 …………………………… 093

煤都拓"云"岗　引来"数字"人
————山西促进资源型城市高质量充分就业掠影 ………… 099

深入一线调研　现场办公解难题
————内蒙古人社系统全力维护好新就业形态劳动者权益 … 106

笃行实干谱新篇
　　——辽宁以人社事业高质量发展助推全面振兴 ············· 112

体现新担当　实现新突破　展现新作为
　　——吉林扎实做好人社工作为东北振兴提供有力人才

　　　支撑 ··· 119

龙江之畔　人社为民再出发 ··· 127

调解仲裁促和谐　公正高效为民生
　　——上海推动调解仲裁工作提质增效 ························ 134

聚英才　建设"强富美高"新江苏 ····································· 140

"社银通"延伸人社公共服务"最后一公里"
　　——浙江扎实推进人社基本公共服务均等化 ············· 147

发挥统计数据作用　提供精准人社服务
　　——安徽扎实推进人社统计工作 ······························· 154

打造"淘宝式"线上零工平台
　　——福建大力促进城乡居民"家门口"就业增收 ········· 159

稳住基本盘　赣出新"位"来
　　——江西多措并举促进高质量充分就业 ····················· 165

为"走在前、开新局"培养更多优秀技能人才
　　——山东技能人才工作综述 ······································ 172

壮大技能豫军　助推中原"智造"
　　——河南扎实推进职业能力建设高质量发展 ············· 179

搭建"就业桥" 续写"鄂藏情"
——湖北用心用力用情推进就业援藏工作 …… 186

用情用力 打好"保就业"这场硬仗
——湖南落实落细就业优先政策 …… 191

聚人才 强产业 促发展
——广东推动人力资源服务业高质量发展 …… 198

蹚出调解仲裁的"创新路"
——广西推动劳动人事争议调解仲裁事业再上新台阶 …… 203

以制度创新推动经办服务高质量发展
——海南社会保险服务中心工作纪实 …… 209

标准先行 数字赋能 助企惠民
——记重庆人社标准化改革试点工作 …… 214

筑牢法治根基 擦亮为民底色
——四川大力推进法治人社建设工作 …… 218

打造黔山秀水间最美的"流动风景"
——贵州农民工转移就业工作综述 …… 224

标准于心 服务于行
——云南积极推进人社领域基本公共服务标准化
试点取得实效 …… 230

就业"格桑花"绽放在高原
——西藏自治区推动高校毕业生等重点群体高质量
充分就业 …… 236

就业饭碗端牢　风景这边独好

　　——陕西全力推进劳务品牌建设 …………… 243

开进民心的"直通车"

　　——甘肃着力解决群众急难愁盼打造高质量人社服务 …… 251

打好政策组合拳　夯实就业压舱石

　　——青海奋力推进高质量充分就业 …………… 259

养老钱水涨船高　托起幸福晚年

　　——宁夏加快推动城乡居保事业高质量发展 ………… 265

丝路天山焕发活力　创业就业续写新篇

　　——记新疆维吾尔自治区就业工作 …………… 272

民生保障用真情　屯垦戍边增豪情

　　——记新疆生产建设兵团社保工作 …………… 280

全国篇

稳就业　兜底线　书写高质量人社答卷

——2023 年全国人社工作综述

发展的轨迹记录奋斗的足印，书写壮丽而绚烂的时代华章。

2023 年是全面贯彻党的二十大精神的开局之年，我国经济持续回升向好，高质量发展扎实推进。

这一年，在以习近平同志为核心的党中央坚强领导下，全国各级人社部门坚决贯彻落实习近平总书记重要指示批示精神和党中央、国务院决策部署，坚持稳中求进、改革创新，各项工作取得积极进展。

这一年，全国各级人社部门坚持把稳就业作为重大政治任务，落实落细就业优先政策，千方百计稳存量、扩增量、提质量、兜底线，完善政策、优化服务、强化培训，就业形势总体稳定；积极稳妥推进社保制度改革，《社会保险经办条例》出台实施，各项社保待遇按时足额发放；人才队伍建设进一步加快，人才创新创造活力进一步激发；企业工资宏观指导调控制度不断优化，劳动关系总体保持和谐稳定；推进农民工工资争议速裁庭建设，"薪暖农民工"、根治欠薪等专项行动有序开展；加

快推进人社基本公共服务标准化、信息化建设，推动数字人社高质量发展；第二届全国技能大赛、博士后创新创业大赛、人力资源服务业发展大会、劳务协作暨劳务品牌发展大会成功举办，精彩纷呈、提振人心。

一张张扎实的答卷与群众的获得感，同频共振；宏观数据与微观感受，冷暖与共。高质量人社画卷徐徐铺开……

深化主题教育，坚持人民至上，解决急难愁盼问题

一年来，全国人社部门深入开展学习贯彻习近平新时代中国特色社会主义思想主题教育，深入学习贯彻习近平总书记关于党的建设的重要思想，深入落实新时代党的建设总要求和新时代党的组织路线，履行好党中央赋予人社系统的职责使命。

过去这一年，全国人社系统大兴调查研究之风，推动主题教育走深走实，将调查研究转化为完善制度、推动改革的生动实践。哪里有急难愁盼问题需要呼应，哪里就有人社干部身影；哪里惠民政策需要落地，哪里就有人社系统"喇叭"。

广东省人力资源社会保障厅坚持用好调查研究"传家宝"、做足深调细研"基本功"，把发现问题、研究问题、解决问题贯穿始终，找准为民造福的切入点和突破口，促进人社事业提质增效。

四川省人力资源社会保障厅着力解决工伤保险领域长远之需、研究应急之策，在工伤保险领域开展"三个三"集中调研，推

动工伤保险制度更加完善，把更多人群纳入保障范围。

有急难愁盼问题？找"四不"窗口！广西南宁人力资源社会保障局聚力解决群众急难愁盼事项，陆续设立54个"四不"（办不成事、招不到人、找不到工、领不到薪）反映窗口，实现线上线下"有呼必应、有诉必接、有接必办、有办必果"，优化营商环境，广受企业和群众好评。

最是关切暖人心。一年来，全国人社部门以人民为中心，坚持"管行业必须管行风"，推动行风建设转入常态化、长效化新阶段，不断增强做好人社工作的责任感、使命感、紧迫感，不断优化升级政务服务，坚持不懈推动人社基本公共服务均等化、可及化，以高效优质服务呼应人民群众对美好生活的向往。

完善人社基本公共服务标准体系，推动人社系统贯彻落实国家基本公共服务标准，不断提升基本公共服务均等化、普惠化、便捷化水平；强化信息化便民服务，完善全国人社政务服务平台、国家社会保险公共服务平台、电子社保卡、掌上12333渠道，开通130余项全国性服务，全年服务177亿人次；全面推行居民服务"一卡通"，全国社保卡持卡人数超过13亿人，电子社保卡领用约9.6亿人，丰富政务服务、就医购药、交通出行等应用场景，应用目录清单超160项；大力推进基层平台建设，借助银行、基层平台等力量，构建"农村5公里+城市10分钟"人社服务圈，打通公共服务"最后一公里"。

主题教育成果体现在桩桩件件惠民事项中,拉近党同人民群众的血肉联系。

筑牢民生之本,挖掘人才红利,促进高质量充分就业

就业是最大的民生工程、民心工程、根基工程。全国人社部门全面落实就业优先战略,把推动实现高质量充分就业摆在突出位置,千方百计稳住"最大的民生"。

全国人社部门把促进高质量充分就业作为加强人力资源开发利用的主要途径,加快构建高质量充分就业工作体系,健全就业促进机制,完善就业公共服务体系,打造规范化零工市场,加快推进就业信息化建设,创造挖掘更多高质量的就业岗位,让劳动者好就业、就好业,充分彰显人力资源价值。

一年来,从中央到地方,密集出台稳就业促创业政策,以"组合拳"稳固就业基本盘。各地积极组织"源来好创业"资源对接活动,为创业者与各类创业资源搭建对接平台。

"在人社部门帮助下,仅十多天我就申请到30万元自主创业贷款。诊所新招聘9名大学生,国家政策相当好!"疫情后,山西朔州文德口腔诊所经营者刘文德把第二家诊所经营面积扩至650平方米。

全国人社部门坚持把稳就业作为重大政治任务,优化调整稳就业政策措施,拓展吸纳就业补贴范围,优化稳岗返还政策,实施稳岗扩岗专项贷款,重启一次性扩岗补助政策,形成系统

性、全链条就业政策体系；实施专精特新中小企业就业创业扬帆计划，"一个鼓励、两项服务、三项支持"，促进专精特新中小企业健康发展，创造更多高质量就业岗位。

一年来，全国人社部门紧盯高校毕业生、农民工等重点群体，就业保障更强。4.2万名优秀高校毕业生被选派到基层一线开展支教、支农、支医和帮扶乡村振兴等服务。

安徽青阳高校毕业生李雅晴走上就业见习岗位，从毫无工作经验的"小白"，变身基层工作"小明白"，工作技能大提升；浙江衢州农民工黄晓琴从一名众包女骑手，成长为一名小队长，手下有50名骑手，并夺得2023年首届全国外卖配送行业职业技能竞赛冠军；内蒙古额尔古纳就业困难人员王春红经过1个月面包烘焙培训，成功实现就业，月薪3 500元。

2023年1—10月，就业补助资金支出901亿元，失业保险稳岗支出334亿元，降低失业保险和工伤保险费率为企业减负超过1 400亿元。

"100万元稳岗返还资金'一键'到账，帮助企业稳定就业岗位！"河南晋开化工投资控股集团有限责任公司相关负责人感慨，失业保险稳岗补贴"免跑腿、免申请、免填表"。2023年，开封市社会保险中心助力企业"爬坡过坎"，积极落实一次性扩岗补助政策，对不裁员、少裁员的参保企业给予失业保险稳岗返还。

过去一年，全国人社部门加快构建部门协同、上下联动、

服务精准、管理科学的高质量充分就业工作体系，推动经济社会政策与就业政策协同联动，创造挖掘更多高质量的就业岗位，多措并举促进青年就业，增加妇女劳动就业，加强大龄劳动者就业帮扶。

2023年1—11月，全国城镇新增就业1 180万人，城镇失业人员再就业475万人，就业困难人员就业156万人。高校毕业生等青年就业局势总体稳定，农村劳动力外出务工规模继续增加，脱贫人口务工规模超过3 298万人。

人力资源服务业是市场化就业和人才服务的重要力量。一年来，全国人社部门围绕促进就业和优化人力资源流动配置，壮大市场化服务力量，举办第二届全国人力资源服务业发展大会，进一步打造高水平展示交流、供需对接平台，服务就业、服务人才、服务发展。人力资源社会保障部制定出台《人力资源服务机构管理规定》，规范人力资源服务活动，健全统一开放、竞争有序的人力资源市场体系。

专业技术人才和技能人才工作持续加强。人社部门积极推动专业技术人才创新发展，优化实施政府特殊津贴制度，加大博士后人才培养、引进等支持力度，深入实施知识更新工程，聚力造就一大批高层次、创新型人才。积极构建终身职业技能培训工作体系，全面实施"技能中国行动"，深化工学一体，推进技工教育高质量特色发展，努力培养大批高技能人才和大国工匠。人力资源社会保障部会同有关部门修订出台《事业单位工作人员考核规定》《事业单位工作人员处分规定》，稳妥推进县以下事业单位管理岗位职员等级晋升制度实施工作，做好事业单位公开招聘高校毕业生工作。建立人才激励机制，提高经济待遇，为符合条件的人才开绿灯。

宽松的人才培养政策营造出的良好生态环境，犹如肥沃的土壤，使大批英才拔节生长。新疆不断打破高技能人才成长"天花板"，在2023年新疆专业技术人员职称评审中，2021年全国乡村振兴职业技能大赛餐厅服务员项目职工组比赛银牌得主郭玉杰通过评审绿色通道，25岁被认定为正高级讲师，成为新疆开展职称评审工作以来最年轻的正高级职称获得者。

聚天下英才而用之。人社部门持续营造良好的创新生态，让有志于来华发展的外国人来得了、待得住、流得动、用得好。2023年8月31日，人力资源社会保障部举行加挂国家外国专家局牌子仪式。9月，来自12个国家的22名外国专家获颁中国政府友谊奖。

技绽津门，能赢未来。第二届全国技能大赛成功举办，36个代表团、4 045名参赛选手齐聚天津，角逐109个项目桂冠，这是我国积极构建具有中国特色职业技能竞赛体系的生动注脚，对于促进技能人才培养、推动职业技能培训、弘扬工匠精神意义非凡。

智汇赋能发展，博创引领未来。第二届全国博士后创新创业大赛总决赛在山东烟台圆满闭幕，92个揭榜领题项目和80

个成果转化项目现场签约，意向合作金额43.54亿元。

夯实民生之基，制度改革进一步纵深推进

回望2023年，全国人社部门迎难而上，初心不改，始终聚焦民生关切，坚持人民至上，兜住、兜准、兜牢民生底线，民生保障有力有效，高质量发展更有温度。

法者，治之端也。2023年12月1日，全面规范社保经办工作的首部行政法规《社会保险经办条例》实施，社保经办法治化、规范化和精细化迈上新台阶，具有里程碑式意义。

过去一年，企业职工基本养老保险全国统筹稳步推进，在全国范围内统一调剂基金，互助共济和再分配功能进一步强化。

撬动"第三支点"，为城乡居民基本养老保险高质量发展探路。江苏省常州市武进区先行先试，落实集体经济组织筹资责任，研究制定补助办法，推动实现个人缴费"提档升级"，为推动城乡基本养老保险协调发展进行有益探索。

一年来，陕西、江西等地探索拓展城乡居民基本养老保险筹资渠道，推动有条件的集体经济组织补助城乡居民基本养老保险个人缴费，进一步提高参保人员待遇水平。

个人养老金初步建立，在36个先行城市和地区迅速开展，开立个人养老金账户人数5 000多万人，个人养老金产品700多款，交出一份"亮眼"的成绩单。

新就业形态就业人员职业伤害保障试点推进一年半来，运

行平稳有序，取得阶段性成效。试点工作在北京、上海、海南等 7 省市，以及 7 家平台企业开展，700 多万人纳入职业伤害保障范围，试点对象应保尽保。

社保基金监管水平提高，绷紧基金监管安全"弦"。2023 年 11 月通过、2024 年 1 月 1 日实施的《湖南省社会保险基金监管条例》是全国范围内第三个社保基金监管条例。全国人社部门开展基金管理巩固提升行动，持续推进人防、制防、技防、群防，防控体系日益完善，监管机制逐步完备，系统支撑更为强劲，全面提升基金监管水平。

奏响和谐主旋律，新时代劳动关系温暖安心

这一年，全国人社部门扎实推进协调劳动关系和企业工资收入分配制度改革，劳动关系、调解仲裁、劳动保障监察工作取得重要进展。

"5 000 元被拖欠工资支付给我了！"电话那头，黑龙江省黑河市中俄文化艺术中心项目农民工李海龙兴高采烈，多亏工程项目驻点监察人员，把维权服务延伸至施工现场。

一年来，全国人社部门用心用情用力做好根治拖欠农民工工资工作，确保农民工及时足额拿到应得的工资报酬，切实维护农民工合法权益。

优化全国根治欠薪线索反映平台功能，推动《保障农民工工资支付条例》制度落地，打好行政执法、调解仲裁、刑事司

法和信用惩戒"组合拳";加强农民工工资支付监控预警平台建设,推进智慧监察系统建设,有效防范欠薪风险,快速处理欠薪问题,推动根治欠薪冬季专项行动成效明显;持续开展"春暖农民工""薪暖农民工""城暖农民工"等专项服务行动,构建"信、访、网、电"多渠道维权投诉体系。

一年来,劳动关系工作坚持"稳"字当头,坚决扛起"高水平安全"的政治责任,紧紧牵住"中国式现代化"这个牛鼻子,和谐主旋律奏响大江南北。

全面部署和谐劳动关系创建表彰,印发《关于推进新时代和谐劳动关系创建活动的意见》,制定创建工作先进表彰办法,推动打造企业与职工的利益共同体、命运共同体;加强劳动者权益维护,先后印发关于新就业形态劳动者的劳动合同和书面协议订立指引、休息和劳动报酬权益保障指引、劳动规则公示指引、权益维护服务指南等系列指引指南。印发女职工特殊劳动保护、高温高寒天气劳动者权益保障等5个参考文本,完善重点群体劳动保护制度体系;加强企业工资宏观指导调控,指导各地合理调整最低工资标准。持续推动国有企业工资分配制度改革落实落地。开展2023年企业薪酬调查,发布分职业、分岗位等级企业从业人员工资价位信息;加强治理能力建设和劳动关系领域改革创新,在京津冀、长三角等六大区域开展区域和谐劳动关系高质量发展改革创新试点,实施劳动关系"和谐同行"能力提升三年行动计划,推进劳动关系协调员队伍和劳动关系公共服务基层平台建设。

一年来，劳动人事争议调解仲裁代表国家公权力定分止争，防范化解劳动关系风险，维护劳动者合法权益。

人力资源社会保障部会同相关部门，联合开展劳动用工"查风险 强协商 保支付 促和谐"专项行动和基层劳动人事争议调解组织建设行动，推动基层调解组织履行"抓前端、治未病"职责，夯实劳动关系治理基础；会同最高人民法院联合发布新就业形态劳动争议典型案例，通过以案释法引导裁判实践，推动平台经济良性发展与劳动者权益保障互促共进；开展农民工工资争议速裁庭建设专项行动，健全快立快调快审快结工作机制，农民工工资争议案件优先受理、快调速裁，成立速裁庭（团队）3 129 个，基本实现全覆盖。

一路披荆斩棘，一路凯歌行进。在风雨兼程的跋涉中，人社人走过不平凡的 2023 年。

关山初度尘未洗，策马扬鞭再奋蹄。在充满光荣和梦想的新征程上，全国人社部门将更加紧密团结在以习近平同志为核心的党中央周围，自觉践行以人民为中心的发展思想，笃定内心、砥砺奋进，扎实推动人社事业高质量发展，为推进中国式现代化作出新的更大贡献。

（游翀）

以高质量党建引领保障人社事业高质量发展

——2023年人社部门党建工作综述

办好中国的事情，关键在党。

把党的建设作为一项新的伟大工程来推进，并且始终坚持党要管党、全面从严治党的战略方针，是我们党的一大创举，也是立党立国、兴党强国的一大法宝。

2023年，人社系统深入学习贯彻习近平新时代中国特色社会主义思想，把坚持和加强党的全面领导作为抓好人社事业的根本保证，把加强各级党组织和党员干部队伍建设作为推进人社事业的重要前提，学理论明初心、淬党性铸根本、兴调查深研究、重落实立新功，党建工作与人社业务深度融合、同频共振、相得益彰，形成"以党建促业务，以业务强党建"的良好局面。

在高质量党建的引领保障下，人社事业高质量发展迈出新步伐、取得新成效。

坚持和加强党的全面领导，推动人社事业行稳致远

2023年，我国发展面临的形势错综复杂，国际政治经济环境不利因素增多，国内周期性和结构性矛盾叠加，给人社事业发展带来诸多挑战。

习近平总书记在多个场合对人社工作作出重要指示。

要紧紧抓住人民群众急难愁盼问题，采取更多惠民生、暖民心举措，健全基本公共服务体系，着力做好重点群体就业帮扶、收入分配调节、健全社会保障体系、强化"一老一幼"服务等工作。

我们要从全局的高度重视就业问题，把就业工作摆到突出位置，坚持就业优先战略和积极就业政策，推动实现更加充分、更高质量的就业。

要加快健全社会保障体系，健全就业促进机制和就业公共服务体系，做好重点群体就业工作。

......

高瞻远瞩，深谋远虑。

人社系统把深入贯彻落实习近平总书记关于民生工作重要指示精神作为首要政治任务，及时学习、深刻领会，全面、准确、创造性地落到实处。同时，以学习宣传贯彻习近平总书记关于党的建设的重要思想为契机，进一步深刻领悟"两个确立"的决定性意义，增强"四个意识"、坚定"四个自信"、做

到"两个维护",切实把党的全面领导贯彻和体现到人社工作全过程。

在党的坚强领导下,人社系统积极有效应对各类冲击和影响,把民生工作做得更加扎实、更加牢靠、更加有效。

高标准开展主题教育,促进党建与业务深度融合

开展党内集中教育是我们党加强自身建设的重要经验。

学习贯彻习近平新时代中国特色社会主义思想主题教育开展以来,人社系统上下掀起理论大学习、思想大武装、党性大淬炼、能力大提升、工作大落实的热潮。

各级人社部门牢牢把握"学思想、强党性、重实践、建新功"的总要求,锚定目标任务,紧密结合实际,主题教育走深走实,推动党的建设扎实有效。

一批高质量主题教育读书班开班,人社党员干部迎来一次统一思想、统一意志、统一行动的政治集训,一次坚定信念、凝心铸魂的思想淬炼,一次学用贯通、知行合一的能力提升。

人力资源社会保障部党组围绕5个专题、开办为期7天的学习贯彻习近平新时代中国特色社会主义思想主题教育"人社学思行"读书班。党员干部参加交流研讨、专家辅导、现场教学等活动,在深学细照笃行中提高理论素养、坚定理想信念、升华觉悟境界、增强能力本领。

四川省人社系统党员干部通过集中自学、专题辅导等方式,

全面系统深入学习习近平新时代中国特色社会主义思想,不断增进对党的创新理论的政治认同、思想认同、理论认同、情感认同。

开展一批高质量调查研究,检视政策落地堵点,找准群众关切痛点。

人力资源社会保障部党组成员围绕促进就业创业、完善社会保障体系、发挥人才人事政策实效、加强灵活就业和新就业形态劳动者权益保障、促进劳动关系和谐稳定、优化人社公共服务等6个重点难点问题深入调研,统筹推进部属单位重点调研,形成一批高质量调研报告。部属单位开展"人社青年攻一关""人社青年献一策"活动,79个青年理论学习小组聚焦群众"关键小事"攻关献策,将主题教育成果体现到服务群众的各项政策举措上。

江西省人力资源社会保障厅聚焦群众揪心事、烦心事、操心事,就新就业形态等灵活就业人员社保权益问题、系统治理工程建设领域欠薪问题等重点课题开展调研,切实把企业、群众反映强烈的突出问题解决好。

湖南省人力资源社会保障厅从深入实施就业优先战略、健全多层次社会保障体系等方面精选调研课题,调研基层,开展座谈、查找问题,研究提出推动发展的办法举措。

内蒙古自治区人力资源社会保障厅开展人社干部走基层送政策、走流程优服务、走企业访需求活动,梳理汇总各类问题

及意见建议,推动基层人社事业高质量发展取得新突破新成效。

一批高质量专项整治见效,注重立破并举、补足短板弱项。

主题教育一开始,人力资源社会保障部党组就在全系统部署开展劳务派遣单位截滞留稳岗返还资金、失业保险待遇发放、职业技能培训和评价、保障农民工工资支付等4个专项整治,在坚持和加强党对人社工作领导、推动人社事业健康发展、增进民生福祉和保障群众利益等方面,制定26项规范性文件。根据群众反映的热点难点问题,部级层面形成26个具体问题清单,提出89项整改措施。

浙江省人力资源社会保障厅创新组织开展社保基金监督"飞行检查"。通过设定疑点筛查规则,事前线上"跑数据",带着问题直奔一线开展现场检查,实现"突破一点、整改一片"的目的。

坚守为民初心,在发展中保障和改善民生

保障和改善民生没有终点,只有连续不断的新起点。

人社部门坚决落实以人民为中心的发展思想,始终牢记转变作风永远在路上、行风建设永远在路上、优化服务永远在路上,通过务实管用的政策举措纾民困、解民忧、惠民生,使群众的获得感、幸福感、安全感更加充实、更有保障、更可持续。

优化人社公共服务,推进人社基本公共服务标准化建设,让群众看到真变化、得到真实惠。

河北省人力资源社会保障厅制定管理规范、事项目录等多个标准文本，清理服务事项、优化办事流程、精减证明材料，构建人社政务服务标准化体系。

陕西省人力资源社会保障厅制定《加快推进人社政务服务标准化规范化便利化 切实提升政务服务能力实施方案》，调整完善多项"跨省通办"政务服务事项办事指南，进一步便企利民。

重庆市人社部门借助数字平台推出"精准免办"，失业保险稳岗返还等惠民政策免申即享，社保补贴和一次性吸纳就业补贴直接补贴、快速办理，惠及企业和群众。

江苏省人社部门推动跨部门协作，与民政、医保、税务等部门加强数据对接，确保跨部门业务顺畅办理和"一件事"服务协同开展，方便群众办事。

湖北省人社部门推进高校毕业生就业一件事改革，将高校毕业生就业登记、社保补贴申领等事项联办，让信息多跑路、群众少跑腿。

福建省人社部门优化就业服务模式，提升就业服务质效，为高校毕业生提供全链条就业服务。省人力资源社会保障厅加大岗位信息省级归集发布力度，汇集发布各地就业岗位信息，促进用人单位和高校毕业生供需对接。

增强为民服务本领，培养更多人社业务"一口清""活字典"，更好为群众办实事、解难题。

从岗前的入职基础培训，到实际工作中的巩固拔高，安徽省人社部门将交流培训、答疑培训等不定期交叉培训模式贯穿整个过程，进一步提升12333服务人员的业务素质、沟通能力和服务水平。

坚持新进人员人社领域知识必学、新政策新法规必学、群众高频咨询事项必学，"日日学、周周练、月月比"，云南省人社部门常态化开展学习培训，着力锻造一支技能强、作风硬的专业咨询服务队伍。

吉林省人社部门发挥人社服务标兵的示范带头作用，形成了"人人争做服务员，人人争当于砚华"的良好氛围，筑牢了"人社服务为人民"的服务理念，展现了"人人都是窗口，事事都有服务，处处都是行风"的人社风貌。

甘肃省人社部门开展为民解忧、创先争优专项行动，用主动求变的精神、朴素为民的作风，将为民办事真正落到实处、办进群众心中。

旗帜指引方向，思想凝聚力量。人社部门将坚持以习近平新时代中国特色社会主义思想为指导，坚决落实习近平总书记重要指示批示精神和党中央决策部署，确保党的意志在新时代人社事业发展中不折不扣得到贯彻落实，不断推进人社事业高质量发展，为强国建设、民族复兴积极贡献人社力量。

（刘沐禛）

数字化转型助社保经办跨上高质量台阶

——我国社保经办服务全面提升治理效能

"人还没回到湘潭，在广州通过操作手机 App，绑定好社保卡，就办理好了职工基本养老保险关系转移接续手续。"2023年4月25日，在广州工作3年多的湖南湘潭籍参保人员何茜妮惊叹办理社保经办业务愈发便捷。

过去，何茜妮办理养老保险转移接续手续，需要在广州打印参保凭证，再赶回湘潭社保经办机构提交参保凭证，由湘潭社保经办机构发送《基本养老保险关系转移接续联系函》至广州，广州社保经办机构回函。既麻烦，还可能存在函件丢失情形。现在，何茜妮仅凭一部手机，即可办好全部业务。

何茜妮是我国社保经办数字化转型的受益者之一。2022年4月，《求是》杂志发表了习近平总书记的重要文章，指出要充分利用互联网、大数据、云计算等信息技术创新服务模式，深入推进社保经办数字化转型。

习近平总书记的重要文章为我国社保经办高质量发展指明方向。在推动社保经办高质量发展过程中，为何要推进数字化

转型？如何转型？怎么转？近日，记者进行了调查采访。

为何转：世界最大社保体系治理之痛

党的十八大以来至 2023 年一季度末，全国基本养老、失业、工伤保险参保人数分别增长 33.2%、55%、50%，尤其是基本养老保险覆盖率从 78% 提升至 90% 以上。全国社会保险服务人次急剧增加，各级社保经办机构的服务供给能力亟待加强。

在中国社会科学院民族学与人类学研究所所长、研究员王延中看来，我国已建立世界最大规模的社会保障体系，面对庞大的参保缴费和待遇领取人群，推进社保经办数字化转型迫在眉睫。

"以基本养老保险为例，城镇职工养老保险和城乡居民养老保险参保人数超 10.5 亿人。必须加快数字化转型，才能为全面提升社保治理效能提供强大技术保障。"王延中说。

《中华人民共和国国民经济和社会发展第十四个五年规划和 2035 年远景目标纲要》提出要加快数字化发展，建设数字中国。社保经办机构深入推进社保经办数字化转型，是落实党中央、国务院关于数字政府建设部署的应有之义，更是推进数字政府建设的重要举措。

"通过社保经办数字化转型升级，满足人民群众对社会保障公共服务的需求，努力使参保单位和参保居民共享社保经办数字化转型带来的红利，对于实现我国社会保障事业高质量发展具有基础性和战略性意义。"中国社会科学院大学公共政策研究中心研究员谭中和指出。

转什么：社保数据融合应用

"不用专门跑到经办机构，使用手机'刷脸'就可以领取失业保险金！"去年9月，南宁市马山县的唐女士被用人单位解除劳动合同，使用手机登录"南宁智慧人社"App，通过"刷脸"申请了失业保险金。

以往，唐女士必须准备诸多材料，到经办机构现场办理业务。如今，南宁市大力推动社保数字化转型，在全国创新"刷脸"申领失业保险金，唐女士只需要动动手指、刷刷脸，就可以使用手机轻松办理人社业务。

据介绍，南宁市将资格审核环节前置到用人单位办理人员增减环节，运用线上"人脸识别"实时确认身份信息，数据比对自动计算待遇，实现失业人员"零材料""零跑腿""秒审核"领取失业保险金。

从过去"跑腿现场办"，到现在"刷脸隔空办"，这是我国社保经办管理服务模式的重大转型升级，也是社保数据融合应用的典范。

自2018年全国社会保险大数据应用交流会召开以来，人力资源社会保障部加速推动社保经办数字化转型。2021年年

底,人力资源社会保障部办公厅印发《关于推进社会保险经办数字化转型的指导意见》,更明确"三步走"策略,提升社保经办数字化智能化水平。

"江苏人社部门推进与省级民政、医保、税务等部门数据对接,确保跨部门业务顺畅办理和'一件事'服务协同开展。"江苏省社会保险基金管理中心相关负责人介绍,江苏社保待遇领取资格认证构建以信息比对为主、人脸识别自助认证与银发服务为辅的模式,基本实现"寓认证于无形"。

除了创新认证模式,数字化转型还让社保经办服务更便捷。依托数字赋能,湖南省企业职工基本养老保险全国统筹信息系统上线9个月以来,压缩办事环节48个,减少各类证明材料1/4,非即办业务承诺办结时限平均减少4.5天,"网上办"业务占比超过85%。

借助大数据辅助工伤保险智能一体化服务平台,青岛市工伤认定效率大幅提升。

"工伤事故发生48小时内,职工或单位登录'青岛人社'App'工伤快报'模块,'拍一拍''点一点'即可申报,实时描述事故经过,上传事故现场、受伤职工照片视频,系统自动锁定申报时间地点,最快5个工作日内即可作出认定结论。"青岛市社会保险事业中心相关负责人表示,数字化转型全面提高工伤保险经办服务智能化、便捷化和人性化水平。

为社保基金安全穿上"铠甲",防范各类"跑、冒、滴、漏"风险，也是社保经办数字化转型的主攻方向。原人力资源社会保障部社会保险基金监管局相关负责人认为，我国社会保险基金规模不断扩大，服务对象不断增多，监管队伍配备不足，应推动数字化转型，构建科学的社保基金风险防控体系。数字化转型与社保基金"安全规范"密切相关，要加强对风险的识别、度量、防范与监控，实现风险防控信息化；在社保经办系统培育数据文化，"让数据说话"，提升稽核效能。

怎么转：以标准化、智能化为核心

大力开展数据治理，提升基础数据质量，是数字化转型的"打基础"工作。

"按照社保数据唯一性、准确性和完整性的要求，湖南对1 689项城镇职工基本养老保险数据整理检查规则点、113亿余条数据进行逐条检验，先后开展3轮、20项、768万条数据的治理工作，数据质量检查中数据条数整体通过率达99.49%。"湖南省社会保险服务中心相关负责人感叹，从2021年4月以来的两年时间，基本天天加班开展数据治理工作。

天津市以企业职工基本养老保险全国统筹为契机，在基础数据治理路上迈出关键"第一步"，第一次按照科学方法论开展数据治理工作，第一次实现后台库表与前台资料有机结合，第一次全面摸清基础数据底数，为后续开展全险种数据治理积累

经验。

不止于数据治理,推进经办流程标准化、智能化是数字化转型的难点与痛点。河南省统一经办服务平台,制定了一套全省通用的操作规程。

"河南开展经办流程再造,将业务事项进行颗粒化,分为530个外部事项、429个内部事项,每个事项建立了136个要素的事项库、材料库、结果反馈库、好差评库。"河南省社会保险中心相关负责人表示,"同时,统一经办规程,编制全省统一的社会保险业务经办规程,研究制定省市县乡'四级十同'清单,确保全省社保经办一个系统、一个规程、一个标准、一套指南。"

山东工商学院东亚社会发展研究院院长、教授傅志明对我国社保经办发展历程进行了研究梳理。他认为,我国社保经办管理服务经历社会化、信息化、网络化三个阶段后,正大步迈向数字化转型新阶段,而数字化转型最核心的任务是智能化。

"运用人工智能、大数据等新技术,推进经办系统运行智能化,以实现社保经办服务和基金监管自动化,最大限度实现数字技术对人工的替代。"傅志明说。

(游翀)

厚植人才成长沃土　锻造技能人才大军

——我国技能人才队伍建设迈向新台阶

技能人才是支撑中国制造、中国创造的重要力量。党的二十大报告指出，培养造就大批德才兼备的高素质人才，是国家和民族长远发展大计。

近年来，得益于技能人才培养、使用、评价、激励制度不断健全，技能人才工作政策支持框架日益完善，我国技能人才总量不断扩大、素质稳步提升、活力充分释放。全国技能人才总量超过2亿人，高技能人才超过6 000万人；技能人才占就业人员总量的比例超过26%，高技能人才占技能人才的比例达到30%；2019年至今，全国开展补贴性职业技能培训超过1亿人次。越来越多劳动者走上技能成长成才之路，为经济社会发展和制造强国建设提供了坚强的支撑。

聚焦发展需要，推行终身职业技能培训制度

"创新之道，唯在得人；得人之要，必广其途以储之。"推动高质量发展，促进产业转型升级，推动解决结构性就业矛盾，

职业技能培训至关重要。

在江苏淮安，华能淮阴电厂高级技师李京泽参加了高级技师岗位技能提升培训班后，成功发明了"单电源不断弧焊接接头法"，每年可为企业节省上百万元；在山西吕梁，被当地人叫作"三转婆姨"（围着锅台转、围着老公转、围着孩子转）的妇女，通过职业技能培训走出大山，实现了人生的华丽转变；在天津，通过广泛开展职工技能培训，中建钢构天津有限公司实现了从传统钢结构经营到绿色装配式发展，从传统制造向智能制造不断迈进。

2013年，党的十八届三中全会明确提出构建劳动者终身职业培训体系的要求。十年来，人社部门聚焦重点发展战略和重点人群，组织实施化解产能过剩企业职工、高校毕业生、新生代农民工等重大专项培训计划，以就业技能培训、岗位技能提升培训和创业培训为主要形式开展培训。实施康养职业技能培训计划、制造业技能根基工程、国家乡村振兴重点帮扶地区职业技能提升工程等。面向企业技能岗位新入职员工、转岗员工，全面推行中国特色企业新型学徒制……职业技能培训继续深化，效果日益凸显，不断服务高质量发展。

大力发展技工教育，是培养技能人才、促进就业创业、推动中国制造和服务上水平的重要基础。

守正创新走特色办学之路。人社部门加快技能人才规模化培养，推动技工教育快速发展，建立了以职业活动为导向、以校企合作为基础、以综合职业能力培养为核心，理论教学与技能操作融会贯通的课程体系，探索形成了有中国特色的技工教育改革与发展之路。加强对口帮扶，帮助深度贫困地区建设技工院校或开设分校（教学点）……目前，全国 2 551 所技工院校，在校生达 445 万余人，每年向社会输送约百万名毕业生，就业率长期保持在 96% 以上。

建立多元评价机制，畅通人才成长渠道

在中能建建筑集团甘肃正宁电厂的主厂房里，机器轰鸣、焊花四溅。一位老师傅正耐心指导焊工们进行汽机房管道焊接工作，这位老师傅就是企业焊接技术负责人王洪兵。30 多年的工作中，王洪兵始终保持着对焊接的热爱，现已被评为首席技师。对他来说，这是一种认可，也是一种继续成长的激励。

一个个特级技师、首席技师的评出，让更多技术工人看到了职业上升的希望。2022 年，人力资源社会保障部在原有"五级"技能等级基础上，延伸和发展出"新八级工"制度，形成由学徒工、初级工、中级工、高级工、技师、高级技师、特级技师、首席技师构成的职业技能等级（岗位）序列，畅通技能人才职业发展通道。同时，人力资源社会保障部打破职业技能评价与专业技术职称评审界限，拓宽技能人才发展通道，让技术工人更有奔头。

在实践中，各地还结合自身实际发展完善人才评价机制。江西健全以职业技能等级认定、职业资格评价、专项职业能力考核等为主要内容的技能人才评价机制；广西在高技能人才与专业技术人才职业发展贯通中，出台政策进一步支持8个贯通领域的高技能人才参加专业技术职称评审及专业技术类职业资格考试；广东着力构建以产业为导向，以更高质量就业为目标，接受市场和社会检验与认可，行业、企业、院校广泛参与，共建共评共治共享的职业技能等级制度。

第十六届高技能人才表彰大会表彰了30名中华技能大奖获得者和295名全国技术能手。中华技能大奖获得者代表马小光、王树军、史昆、占绍林和全国技术能手代表魏凤云分享了技能成才的故事。我国累计表彰320名中华技能大奖获得者和3 616名全国技术能手，选拔3 292名高技能人才享受国务院颁发的政府特殊津贴，通过加大表彰激励力度，引领技能成才、技能报国时代风尚。

"除了国家层面的表彰奖励，地方政府实施的表彰奖励有四种方式：一是荣誉称号和配套奖励；二是职业技能竞赛奖励；三是企业引进高技能人才奖励；四是技能人才特殊津贴。"中国劳动和社会保障科学研究院研究员童天说，创新人才表彰奖励方式，让更多技能人才焕发了职业荣光。

健全职业技能竞赛体系，让更多技能人才脱颖而出

21枚金牌、3枚银牌、4枚铜牌、5个优胜奖，金牌榜和团体总分再次位居世界第一。在2022年世界技能大赛特别赛上，中国参赛选手站上世界技能之巅。成绩来之不易，每一块闪耀奖牌的背后都浸润着选手们的汗水，更离不开我国日益完善的职业技能竞赛体系的支撑。

党的十八大以来，我国构建了以世界技能大赛为引领、中华人民共和国职业技能大赛为龙头、全国行业职业技能竞赛和地方各级职业技能竞赛以及专项赛为主体、企业与院校职业技能比赛为基础，具有中国特色的职业技能竞赛体系。如今，全国每年举办一类大赛10余项、二类竞赛70余项，涉及的竞赛职业（工种）有上百个，每年有1 000多万名企业职工和院校师生参加各类竞赛。

注重各类大赛成果转化。统筹推进世界技能大赛成果转化工作，推动技工教育改革创新，让优质的教学资源覆盖技能学子。以赛促学、以赛促训，对接国际先进标准，把握行业需求和市场动向，改革课程设置，升级传统专业，技能人才培养的步伐日益加快，技能人才培养质量不断提升。

不断健全特色职业竞赛体系。根据我国产业门类齐全、职业院校和技工院校资源丰富的实际特点，建立了包括招生、培养、选拔、训练、备赛、参赛、奖励、使用、升学等在内的相

对完善的世界技能大赛备赛参赛工作体系,并且建立了研究、研修、集训等专业机构和专家、教练、翻译等专业队伍。

技能竞赛是弘扬技能风尚的窗口,在获得职业技能大赛奖牌后,各类青年技能人才有的走进教室,传授技能知识;有的走进工厂、车间,为中国制造贡献力量;有的更是奔赴军营,书写不一样的青春。一个又一个技能人才奋勇争金、历练成才的故事也激励了更多技能青年踏上技能成才、技能报国之路。

(邢泽宇)

激活人力资源引擎　赋能高质量充分就业

——我国人力资源流动管理工作谱新篇

我国人力资源服务企业竞相亮相2022年中国国际服务贸易交易会（简称服贸会）、第五届中国国际进口博览会（简称进博会）；一批地方性人力资源市场管理法规陆续颁布；一批适应数字经济、先进制造业的人力资源服务机构涌入市场；一支专业素养强、结构层次合理的行业人才队伍不断壮大；"三支一扶"计划引导鼓励高校毕业生服务基层助力乡村振兴；"国聘行动"、高校毕业生就业服务周等活动进一步发挥稳就业、促就业作用……

近年来，我国人力资源流动管理工作聚焦促进就业和人才顺畅有序流动这一主线，围绕中心、服务大局，各项工作取得新成效，不断塑造行业发展新动能、新优势，为推进中国式现代化建设、助力高质量发展提供坚实的人力资源支撑。

新气象——优化发展环境　激发市场活力

建章立制，规范管理，人力资源服务业方能行稳致远。

2022年，人力资源社会保障部印发《关于实施人力资源服务业创新发展行动计划（2023—2025年）的通知》，指导各地深化人力资源服务供给侧结构性改革，培育壮大市场化就业和人才服务力量；同年，人力资源社会保障部印发《关于进一步做好人力资源服务许可告知承诺制工作的通知》，提高市场主体办事的便利度和可预期性。

"顶层设计不断优化，市场管理力度持续加大，有利于激发人力资源市场活力、引导相关服务机构规范有序发展。"河北省人力资源社会保障厅相关负责人表示。聚焦解决人力资源市场发展中存在的突出问题，2022年该省制定《河北省人力资源市场条例》并于2023年1月1日起施行。

政策法规不断完善，为推动人力资源服务业健康发展提供有力的法治保障。除河北外，河南、广西也制定了本省区市场条例，已颁布地方性法规的省份达12个。

市场监管更加有力有效。2022年以来，人力资源社会保障部建设了全国人力资源市场管理信息系统，推动对人力资源服务机构线上动态监督管理。配合相关部门开展清理整顿人力资源市场秩序专项执法行动，依法打击市场违法违规行为。各地加强"双随机、一公开"及年度报告公示等事中事后监管，规范网络招聘活动，市场环境不断优化。

去年年初返岗复工后，苏州吴江区人力资源社会保障局联合相关部门在全区开展2022年度打击人力资源市场违法违规行为的"利剑行动"。"通过'拉网式'梳理、'地毯式'排查，对未经许可擅自从事业务的非法职业中介和劳务派遣机构现场依法督促关闭，对部分涉嫌违规的人力资源服务机构开具劳动保障监察调查询问书以进一步查处。"该区劳动保障监察大队相关负责人说。

在健全服务体系方面，人力资源社会保障部围绕国家重大战略和区域发展重点，建设金融、先进制造业、旅游、数字经济等专业性、行业性人力资源市场，实施西部和东北地区人力资源市场建设援助计划，并开展"一线观察"等市场供求信息监测。

走进福州软件园福山数字人才港，由数字人才展厅、数字人才赋能区、数字平台体验区和窗口服务区、人才招聘走廊构成的"一厅两区一走廊"布局，成为数字经济人才集聚、成果转换、产教融合的一体化服务平台。

新成绩——集聚产业扩总量、提质量，培育就业动能

"海峡人力资源服务产业园吸引了海峡人力、博达管理咨询等86家省内外人力资源龙头机构入驻，从业人员约1 000人，2022年营业收入约162.95亿元。中国海峡人才市场在世界各地建有23个引才联络站，在全省设立26个工作部，每年为10余万家次用人单位200余万人次各类人才提供人力资源全产业链服务……"福建海峡人力资源股份有限公司总经理欧振介绍。

这是我国人力资源服务业蓬勃发展的一个缩影。随着行业规模持续壮大,截至2022年年底,全国共有各类人力资源服务机构6.3万家,从业人员超100万人,年营业收入2.54万亿元,分别比上年增长6.8%、1.1%、3.3%。

"人力资源服务业的迅猛发展,得益于党中央、国务院对行业的重视,得益于一系列促进人力资源服务业发展的政策措施。"红海人力集团董事长熊颖表示。近年来,红海人力与各地人社部门合作,以直播带岗助力英才汇聚、以就业驿站助力就业服务新形态、以零工市场助力实体经济高质量发展、以数字化平台助力园区发展、以数字化培训助力劳动者技能提升。

服务就业优先战略,展现行业力量与担当。人力资源社会保障部还持续开展"国聘行动"、高校毕业生就业服务周等活动,2022年共为5 268万家次用人单位、3.1亿人次劳动者提供各类就业、择业和流动服务。

"去年全省人力资源服务机构为800万人次提供求职和流动服务,开展集中送岗位进校园专项行动,征集11万余个就业岗位,有力稳定了高校毕业生就业局势。"湖南省人力资源社会保障厅相关负责人说。

开放走向世界,交流互促成长。2022年,人力资源社会保障部会同商务部建设首批12家人力资源服务出口基地,制定实施人力资源服务业创新发展行动计划,举办2022年服贸会、第五届进博会人力资源服务主题活动,创办《人力资源服务》

杂志，江苏、山东等 12 个省份设立产业发展专项资金，各地供需对接、展示交流、创新创业十分踊跃。产业发展环境更加优化，行业发展不断向价值链中高端延伸。

新风尚——引导高校毕业生服务基层，助力乡村振兴

"大到人口普查、整治人居环境，小到张家的牛吃了李家的庄稼、解释每一项通知，都要处理。但我喜欢基层，知道了桥怎么修，庄稼怎么种，也看到了乡村家庭和社会的现状，我的工作很充实、精神很富有！"谈起参加"三支一扶"计划，在广东惠州高潭镇中洞村工作的江明坤如此说。

点亮边远地区孩子的上学梦，在田间地头帮农民增产增收，改善基层医疗水平，发展特色产业带乡亲致富。2022 年，人力资源社会保障部扎实推进"三支一扶"计划，聚焦助力乡村振兴战略，积极拓展基层急需岗位，努力提升项目实施质量。

各地人社部门积极响应，引导鼓励高校毕业生到基层工作。河南"三支一扶"计划共招募 3 200 人，报名人数达 12.77 万人，比 2021 年增长 38%。广东招募岗位重点向贫困地区、少数民族地区、老区苏区倾斜，支农和帮扶乡村振兴岗位占比达 75%。福建加强财力就业服务保障，省级发放待遇较 2021 年度增长 21%，并专门为服务期满毕业生设置公务员录用考试职位。广西聚焦乡村振兴，针对县、乡、村缺乏人才的实际情况，创新实施乡村振兴村级协理员专项计划，招用上岗 4 868 人。

据统计，2022年"三支一扶"计划全国共招募高校毕业生4.1万名，开展能力提升专项培训1.5万人次，期满人员当年落实去向率达90%。

用实际行动诠释"激昂青春"，用榜样力量激励干事创业。人力资源社会保障部创新开展"最美基层高校毕业生"学习宣传活动，会同中宣部遴选发布20名"最美基层高校毕业生"，组织开展先进事迹发布、中外记者见面会等集中宣传活动，并纳入全国高校思政教育平台，引导高校毕业生树立正确的择业观、成才观，引起热烈反响。

广阔天地，大有作为。人力资源社会保障部还统筹实施基层服务项目，协同推进西部志愿者计划、基层教师特岗计划等基层服务项目，让更多高校毕业生深入基层一线建功立业。

新氛围——提升人才流动公共服务能力，厚植人才沃土

"现在办理流动人员人事档案业务太方便了！我在'北京人社'微信公众号上就办理了网上出具证明业务，申请成功后，从网上自主打印证明，完全不用跑腿。"近日，从北京回河北老家工作的郭女士分享了"掌上办"业务的体验。

2022年以来，我国人力资源流动公共服务持续优化，人才流动更加顺畅有序。

在便捷办事上花心思，流动人员人事档案管理政策更加完善。人力资源社会保障部会同财政部完善国务院所属部门流动

人员人事档案机构管理政策，进一步理顺授权机制和经费保障渠道，联合国家邮政局印发规范流动人员人事档案转递、做好高校毕业生档案接收的通知，进一步规范档案转递管理。

在数字改革上下功夫，流动人员人事档案信息化建设成效初显。人力资源社会保障部大力建设推广全国流动人员人事档案管理服务平台和档案基础数据库，31个省份和新疆生产建设兵团均已建成省级集中系统，档案转递等高频事项实现业务协同、跨省通办。

为充分激发人才创新创造活力，人力资源社会保障部扎实开展区域人才交流合作，编制发布雄安新区、粤港澳大湾区、海南自贸港、成渝双城经济圈等急需紧缺人才目录。安徽、福建等18个省份，编制发布本省份急需紧缺人才目录。京津冀、泛珠三角等区域性人才交流合作蓬勃开展，推动政策互通、信息共享、资源互补。

服务国家建设需要，聚焦重大战略、重大工程精准实施重大专项计划，人力资源社会保障部不断提升人员调配的科学化、规范化水平，为经济社会发展聚智汇才。

成绩振奋人心，目标催人奋进。人力资源流动管理工作将以习近平新时代中国特色社会主义思想为指导，围绕就业优先、人才强国和乡村振兴等国家战略，踔厉奋发，担当作为，努力开创人力资源流动管理工作新局面。

（杨勤）

务实笃行　促进高质量充分就业

——全国人社系统用情用力稳就业保民生

湖南应用技术学院毕业生黄腾逸，在苏州富纳机械设计班经过45天集中培训后，被分配到苏州玻色智能科技有限公司，成为一名从事电子产品检测的初级工程师。

"从简单的认识螺丝规格型号到学习使用软件，再到最终设计出一个完整的组件机构，这次培训提高了我的技能水平，为适应这份工作打下坚实基础。"黄腾逸信心满满。从初出茅庐的大学毕业生，到成为一名高新技术企业的初级工程师，折射出高质量充分就业的重要性。

党的二十大报告明确提出，强化就业优先政策，健全就业促进机制，促进高质量充分就业。全国人社系统以习近平新时代中国特色社会主义思想为指导，深刻领会促进高质量充分就业的重大意义，切实把思想和行动统一到党中央决策部署上来，推动就业工作高质量发展。

调整优化稳就业政策，健全就业促进机制

2023年以来，在稳经济政策效果持续显现的有力支撑下，就业形势逐步恢复，保持总体稳定。

日前，国务院办公厅印发《关于优化调整稳就业政策措施全力促发展惠民生的通知》。此次优化调整稳就业政策措施，既是贯彻党中央关于稳就业决策部署的具体体现，也是适应形势稳定就业大局的现实需要。

"这500万元创业担保贷款，对加大企业研发投入大有帮助，减轻了企业的研发负担。"近日，中金数据（武汉）超算技术有限公司获得一笔由武汉市东西湖区人力资源社会保障局认定的小微企业创业担保贷款，公司人事主管陆晔格外开心。

稳就业，关键要稳住企业。2023年以来，全国人社系统全力落实援企稳岗各项举措，千方百计助企，全方位发力稳岗拓岗。

在湖南，稳增长与保就业联动，稳就业与稳岗位协同。"湖南人社部门加强就业政策与经济政策协调联动，支持稳岗扩岗。今年出台人社部门支持民营经济发展9条措施、重点企业用工服务7条措施，进一步稳企稳岗。"湖南省人力资源社会保障厅相关负责人介绍，一季度湖南省城镇新增就业18.8万人，同比增长3.9%。

在重庆，人社部门与金融部门联动，实施助力援企稳岗专

项行动。重庆人社部门联合市内 41 家银行，对过去 12 个月社保参保人数减少率低于 5.5% 或吸纳高校毕业生等重点群体就业 20 人以上的中小微企业贷款，按照市场化原则实施减息让利。据统计，今年前 4 个月，重庆为 2 647 家中小微企业减息 1.1 亿元，稳岗 7.5 万人。

2023 年以来，就业主要指标运行回稳，全国人社部门以完成就业任务为目标，以强化就业优先政策为抓手，准确把握形势变化，稳存量、扩增量、提质量、兜底线，全力确保就业局势总体稳定。

——进一步强化政策引导，在保持稳就业政策总体稳定的同时，有针对性优化调整阶段性政策，并加大薄弱环节支持力度。

——加快政策配套，加大政策宣传，加速释放政策红利。在扩容增量政策上出实招，切实加大就业容量大的行业企业扩岗支持力度。

——落实惠企利民举措，今年一季度支出就业补助资金 265 亿元，支出失业保险基金 349 亿元，推动企业稳定招工，市场热度迅速回升。

促进高校毕业生就业，兜牢困难群体底线

"很多企业提供的岗位确实非常好，我相信能找到自己心仪的岗位。"日前，在江苏淮安一场就业联动双选会上，淮阴工学

院应届毕业生李鑫踌躇满志。

为推动江苏高校毕业生高质量充分就业，3—6月，江苏人社部门开展"送政策、送岗位、送培训、送服务"进校园活动，组织不少于1万家用人单位、提供不少于10万个就业岗位和10万个见习岗位，助力高校毕业生顺利就业、尽早就业。

高校毕业生就业工作事关高质量发展、民生福祉和社会稳定。今年高校毕业生规模创历史新高，青年就业依然面临困难。为此，全国人社部门突出市场化社会化就业方向，通过激励企业吸纳、支持基层就业、稳定公共岗位、扩大见习规模，多措并举拓宽就业渠道，促进高校毕业生就业。

基层是高校毕业生大有作为的广阔天地。2023年，中央财政拟支持基层服务项目招募10.63万名高校毕业生。"三支一扶"计划招募3.4万名高校毕业生，招募名额向民族边疆地区、乡村振兴重点帮扶地区倾斜，向脱贫家庭、零就业家庭毕业生倾斜。

2003年年初，湖北省汉川市城隍镇统筹公益性岗位，47名年龄较大、技能偏低的就业困难人员找到工作岗位。"这份工作既锻炼身体，又领工资，还能帮助村里美化环境，一举多得。"正在打扫卫生的就业困难人员邹望年笑着说。

为加强对农民工、就业困难人员等群体的兜底帮扶，2023年以来，人力资源社会保障部联合10部门开展春风行动暨就业援助月活动，实施稳岗政策、开展招聘服务、密集组织劳务输出，集中帮扶农民工、就业困难人员等劳动者就业创业，累计举办各类招聘活动5.8万场，发布岗位3 800万个。

"甘肃主动加强与17个劳务输入大省协作，着力做好岗位对接和暖心服务，加大'点对点、一站式'输转力度，连续3年发出西北地区首趟务工高铁专列。"甘肃省人力资源社会保障厅相关负责人表示，"今年春风行动暨就业援助月期间，通过包车、专列、包机等方式输转16万人，有组织输转脱贫劳动力133.3万人，规模再创新高。"

据统计，2023年春节期间，全国开展"春暖农民工"服务行动，各地累计"点对点"运送农民工202.5万人次返岗复工。与此同时，全国人社部门进一步做好就业帮扶工作，全力稳定脱贫人口就业，截至3月底，脱贫人口务工规模达3 074万人。

提升就业领域治理能力，做实做细就业服务

2023年3月，在人社协理员的推荐下，湖南省新晃侗族自治县柏树林村村民李凤辉在该县佳嘉佳食品公司找到一份新工作。"这里包吃包住，离家近，同事特别和善，现在的工作我非常满意。"李凤辉满心欢喜。

2022年年底，新晃侗族自治县为151个村（社区）配备163名人社协理员。人社协理员逐村逐人开展就业摸底，详细了解每位劳动者就业情况、培训创业意愿，将就业服务做细做实。

一年来，全国各级人社部门全面提升就业领域治理能力，

不断满足劳动者对均等化、专业化、精细化就业服务的需求，健全就业信息治理平台，全力推动就业服务数字化转型。

打开"湖北零工驿站"微信小程序，灵活就业人员可以随时随地进行求职登记、发布信息、查找驿站……"为适应灵活就业人员'临时、零散、灵活'特点，湖北以零工驿站建设为载体，把公共就业服务延伸到基层一线、群众身边。"湖北省人力资源社会保障厅相关负责人介绍，湖北已建成零工驿站513家，实现县（市、区）全覆盖，今年以来，服务用工主体和灵活就业人员145万余人次。

点开链接，进入直播间，通过"云端"招聘，精准对接供需……甘肃倾力打造"百名人社局长直播带岗暖心行动"就业服务品牌，先后组织15名厅局长、36名市州（县、区）领导和158名人力资源社会保障局局长走进直播间介绍政策、推荐岗位，累计开展活动1 600多场。

破解就业结构性矛盾，职业技能培训不可或缺。"浙江以打造'浙派工匠'金名片为抓手，提高劳动力素质和产业发展的契合度，不断增强劳动力稳定就业和转换岗位能力，既促进高质量充分就业，又为经济高质量发展提供技能人才支撑。"浙江省人力资源社会保障厅相关负责人表示。

河北聚焦培育带动就业能力强的劳务品牌，围绕每县至少培育1个劳务品牌、全省打造100个省级劳务品牌集中发力，已培育劳务品牌257个，累计带动就业1 000余万人。

重任在肩,使命如磐。面对复杂严峻的就业形势,全国人社部门将紧紧锚定目标任务,不断优化就业政策,积极推动数字赋能,不断提升就业服务质量和水平,为实现高质量充分就业、实现中华民族伟大复兴的中国梦做出更大贡献。

(游翀)

数字赋能人社发展　提升便民服务质效

——人社信息化建设迈上新台阶

"就医购药、乘坐公共交通，到景点游玩，都可以使用社保卡，真是太方便了""12333热线服务方便管用，解决了我们的烦心事""申请劳动仲裁，只需录入基本信息和选择案情诉求，就能自动生成请求、计算金额、形成维权申请表，简化了申请材料"……如今，各地群众在享受人社服务后，"便捷"是他们共同的感受。

近年来，伴随着人社事业改革发展，聚焦便民惠民，信息化、数字化对人社事业发展的全方位赋能作用更加显著，人社信息化建设取得重大进展和显著成效，有力推动管理模式转型和服务方式创新，基本形成集中整合、共建共享、协同联动、服务便民的新格局。

聚焦人社事业发展，全力推进一体化建设

依托信息化和大数据，首次建成覆盖全省农民工的实名制数据库。登录平台，本地农民工、外出就业农民工的人数分布、

就业状态等信息一清二楚……去年12月,江西省"农民工地图"正式上线运行,为引导帮扶农民工实现高质量就业,开展精准就业服务提供了数字化支撑。

在全国,像这样的数字化就业服务探索还有很多。近年来,人力资源社会保障部统筹推进人社信息化,全面建成全国协同联动的"大系统",涵盖各类人员全生命周期的"大数据",支撑各项应用的基础设施"大平台",线上线下为一体的人社"大服务",信息化、数字化赋能人社事业作用显著增强。

人社信息化基础设施实现新跃升,全力支撑业务办理。开发推广就业创业、社会保险、人才人事、劳动关系等全国统一软件,推动各项业务经办进系统。各省份普遍实现核心业务系统的省级集中,部分省份建成了全业务一体化的省级集中平台。社会保险全部业务、就业创业主体业务普遍实现了信息化管理,人才人事、劳动关系等领域信息化能力逐步加强。

坚持普惠共享,推进跨省经办。聚焦异地办理的痛点难点,部级建设跨地区信息系统,实现了社会保险跨地区跨险种关系转移、社保待遇资格远程认证全程线上办理;建成中国公共招聘网,2022年发布岗位信息249万条;建成"就业在线"招聘求职服务平台,2022年全年提供求职招聘服务6 400余万人次,极大增强了人社公共服务均衡性和可及性。

紧跟人社各项改革措施,同步谋划信息化支撑。近年来,建成国家社会保险公共服务平台、全国人社政务服务平台、全国养老保险统筹信息系统、个人养老金信息管理服务平台、职业伤害保障信息平台，逐步开启了全国集中建设、部省联动管理的经办服务新模式。

持续推动跨部门、跨层级数据共享和业务协同，健全全国数据归集和共享应用机制，形成全国统一、共建共用的大数据应用资源。2022年，人力资源社会保障部向其他政府部门提供跨部门共享服务18项、6.3亿次，向地方人社部门提供跨层级、跨部门共享服务73项、27.47亿次，强力推动数据共享应用，助力减证便民、流程优化，有效破解办事难、办事慢、办事繁等问题。

加强信息化便民服务，提升便民惠民质效

"热线很管用，群众意见有人听，问题有人及时处理。为12333热线服务点赞！"不久前，因工作繁忙无法线下办理业务，安徽合肥市民王熙，向合肥市12333电话咨询中心打电话询问有关办理情况。咨询中心坚持快办原则，第一时间通过电话受理，提供"一号简办"服务，通过邮箱收集材料，对接相关业务经办部门协同办理业务，帮助他解决了难题。如今，12333热线服务成为联系人民群众的"空中桥梁"，全国12333热线年接听总量达1.15亿次，综合接通率达86.1%。

增进人民福祉是信息化发展的出发点和落脚点。党的二十大报告强调，"维护人民根本利益，增进民生福祉，不断实现发

展为了人民、发展依靠人民、发展成果由人民共享,让现代化建设成果更多更公平惠及全体人民。"

近年来,全国人社部门实施信息化便民服务创新提升行动,聚焦解决企业群众堵点痛点问题,以"全数据共享、全服务上网、全业务用卡"为抓手,打造信息平台,推进数据共享,以数据"跑路"代替群众"跑腿",持续深化社保卡"一卡通",有力推进人社公共服务提速提质,让群众获得感更强。

在部级开通了76项数据共享服务后,2022年各地通过部省系统开展数据共享服务27.47亿次,实现了简化流程、主动服务和精准监管。开通76项"一网通办"服务(包含41项政务服务"跨省通办"事项),群众可通过全国人社政务服务平台、国家社会保险公共服务平台、掌上12333、电子社保卡等全国性服务平台快速获取服务,2022年各平台业务访问量达140.98亿人次。群众实现了凭证用卡、缴费凭卡、待遇进卡、结算持卡的95项社保卡"一卡通"应用,其他民生领域应用持续拓展,长三角、川渝、海南等地积极推进区域内居民服务"一卡通"。建成"就业在线"平台,汇聚政府和市场机构的岗位信息,实现全国"一站式"全流程招聘求职服务。依托全国统一的养老保险统筹信息系统,实现了企业职工基本养老保险的数据全国集中、部省经办联动、业务统一风险管控、全国基金"一本账"。基于全国集中的个人养老金信息管理服务平台,与商业银行及金融行业平台实行业务协同,与财政、税务等部门实现信息共享，支持参保人享受税收优惠政策，保障个人养老金制度运行，完善了多支柱养老保险体系。

拓展居民服务场景，推进社保卡"一卡通"建设

不久前，家住浙江衢州的王新庆大爷新办了社保卡，工作人员告诉他现在的社保卡功能越来越多，不仅可以看病就医，还可以乘公交、借图书、进景区、领待遇。"社保卡也可以坐公交，70岁以上老人还免费，真是太方便了。"王新庆高兴地说。

创新社保卡"一卡通"应用，推动社保卡便民服务"落地"老年人生活场景，这样的场景在全国还有很多。截至2022年年底，全国28个省份的248个地市实现持社保卡乘坐公交，30个省份的部分地市实现凭社保卡借阅图书（277个地市）、进博物馆与展览馆（235个地市）、公园入园（205个地市）、景区购票（203个地市），群众持社保卡可"一卡通享"更多相关服务。

小小社保卡承载了就医、就业、出行等多种功能，蕴含浓浓的为民情怀，更体现着人社服务的速度、力度和温度。截至2022年年底，全国社保卡持卡人数达到13.68亿人，普及率为96.8%，其中第三代社保卡持卡人数达到2.67亿人。各级人社部门普遍实现人社领域95项社保卡应用，待遇进卡、凭证用卡、持卡培训、持卡考试等应用越发普遍，社保卡在各类民生服务领域得到广泛应用，成为群众方便快捷享受民生服务的

基础性载体。

今年69周岁的施元斌是一名随子女来浙江嘉善定居的江苏人。在嘉善，他实实在在地享受到了长三角"敬老通"带来的红利。"收到短信，得知了社保卡的'敬老通'新功能，我也能用江苏的第三代社保卡享受嘉善优待老年人的优惠待遇，真不敢相信。以后，每天接送孙女上下学，我都会用社保卡。"施元斌说，他算过一笔账，使用社保卡乘公交，每天他和孙女可省下8元，一个月就省下了160元，和嘉善老年人享受一样的待遇。

如今，社保卡已全面实现本地就医购药和跨省异地就医结算。长三角三省一市初步实现政务服务、就医购药、交通出行、旅游观光、文化体验、补贴待遇等6个领域居民服务"一卡通"；四川与重庆在"川渝人社合作服务专区"提供31项服务，共同打造川渝"城市书房"；海南省整合12类卡证的应用功能，514项"一卡通"应用逐项实施。

（邢泽宇）

以"标准"擦亮人社惠民底色

——人社领域基本公共服务标准化试点总结推广现场会综述

"通过现场观摩和学习试点地区先进举措,我看到了自身差距,学到了鲜活经验。"

"看到试点省市取得的显著成绩,我更加深切地感受到,标准化是促进基本公共服务均等化、普惠化、便捷化的重要手段。"

"这次现场会让我增长了见识,找到了可以借鉴的方法和路径,更加有信心、有决心把本地标准化工作抓实抓好。"

2023年8月,人社领域基本公共服务标准化试点总结推广现场会在四川成都召开。与会人员纷纷表示,通过经验交流、现场观摩,深刻感受到了人社基本公共服务标准化改革带来的变化,这不仅是一次标准化试点成果的集中展示,更是一场统一思想、深化认识、提高站位、凝聚共识的学习研讨会,进一步增强了做好人社基本公共服务标准化工作的责任感、使命感和紧迫感。

统筹谋划聚合力,标准试点结硕果

"标准是人类文明进步的成果""标准助推创新发展,标准引领时代进步""标准决定质量,有什么样的标准就有什么样的质量,只有高标准才有高质量"……习近平总书记关于标准化工作的重要论述,为人社部门以标准引领服务提质升级、以标准化推动人社事业高质量发展指明了前进方向,提供了根本遵循。

"人社部门为群众提供公共服务,不仅要解决有没有、覆盖不覆盖的问题,更要解决好不好、群众满意不满意和是否可持续的问题,需要通过标准化进一步提高服务的规范性、均衡性、可及性。"人力资源社会保障部相关负责人表示。

一年来,人社领域基本公共服务标准化试点工作在各试点地区的高度重视和扎实推进下,圆满完成了试点各项任务,取得了明显成效,积累了宝贵经验。

——标准体系更加健全,标准研制成果丰硕。各试点地区以国家标准和事项清单为遵循,积极构建国家、行业、地方和内部标准,梳理服务事项、优化服务流程、简化办事材料、强化协同共享,人社服务承诺更清晰、行为更规范、结果更可预期。试点期间七省市共研制国家标准9项、行业标准1项、地方标准89项、制定内部标准3 017项、印发配套文件162个。

——强化标准实施应用,服务效能显著提升。从统一规范人社服务机构标识标牌，到公布办事清单和服务指南，再到将操作规程嵌入信息系统，一个个务实举措让标准成果在实际工作中落地见效。第三方机构满意度调查数据显示，试点前后服务对象满意度平均提高了 3.96 个百分点。

——健全长效机制，明确管理机构和职责。四川成立了标准化工作领导小组，统筹各种资源、多方力量；湖北成立人社标准化技术委员会，浙江完成成立人社标准化技术委员会报批工作，吉林将标准化工作纳入本省人社"十四五"规划；浙江、湖北、四川、云南，制定印发了人社基本公共服务标准化管理办法，推动标准化工作系统化、制度化、规范化。

"全力推进综合与区域协同两项试点任务，推动'改革试点'为'人社亮点'，群众获得感、幸福感、认同感持续增强。"重庆人力资源社会保障局相关负责人表示，试点以来，全市人社服务事项办理时限平均减少 5.07 天，53 项立等可取，群众好评率接近 100%。

开拓创新闪光彩，亮点纷呈见实效

不久前，在成都社保经办服务大厅，引导人员带着张明伟（化名）老人来到"绿色优先窗口"，办理领取养老金待遇资格认证。

"我之前在重庆工作，现在在成都常住，担心无法在这里办理资格认证，影响之后的待遇领取。"张明伟焦急地说。对此，

经办人员耐心向其解释:"'川渝通办'线下养老保险待遇资格认证已开通,只需要在成都社保经办网点进行人脸识别就可以认证重庆市领取待遇资格。"随即为其办理了异地资格认证业务,保证了老人养老金的正常发放。"谢谢你们帮我解决了心头大事!"事后,老人连连道谢。

这暖心的一幕是川渝标准协同试点成就的一个缩影。

试点启动以来,各地在完成规定动作的基础上,结合自身实际,探索创新,创造了一批具有推广价值的经验做法和典型案例。

四川推动基本公共服务标准实现全省"五级同标",打造"多维一体"应用场景,搭建"市民云""村能办"等外部终端,拓展三方平台,构建广覆盖、全天候服务渠道。川渝两地还探索标准协同互认,推动32项服务事项跨省通办。

湖北创新"三个一"标准化工作模式,构建"2N+1"人社标准化服务体系,打造人社公共服务"样板间";开发"人社政务导航系统",实现办事要素"一键感知",办事地点"一键导航",办事时间"一键预约",群众办事更方便。

重庆建立"1+23+N"标准化建设制度体系,规范服务"全域同标";构建"互联网+人社"服务平台,148项服务实现网上办理;打造农民工就业创业服务"一键办"平台,覆盖就业失业登记、求职招聘、劳动维权等11项服务。

吉林构建基本公共就业服务标准,通过设立"96885"全省就业和人才服务专线及统一智慧平台,分级分类为用人单位和劳动者提供就业服务,建立常态化培训机制,打造专业化服务队伍。

浙江推动"最多跑一次"改革,打造人社服务事项"八统一",着力构建"标准+品牌+网点+经办+监督"及"社银通"工作体系,推动人社基本公共服务均衡可及、优质共享;建立工作监督评价机制,开发"社银通"数字应用场景,一屏掌握全省合作网点动态信息。

海南在全域开展公共就业服务标准化建设,推动就业服务事项下沉机制,基本形成城区步行15分钟、乡村辐射5公里的公共就业服务圈。打造"互联网+就业服务"模式,围绕旅游等主导产业,开展订单式"预制"服务。

云南同步统筹推进试点工作和人社一体化公共服务平台建设,随着劳动能力鉴定全市通办、"告知承诺+云勘验行政审批"、电子劳动合同全程网上办理等服务模式的创新开展,有效降低了用人单位和劳动者的办事成本、提升了办事效率。

这些试点成效和经验的取得,根本在于习近平新时代中国特色社会主义思想的科学指引,得益于试点地区党委政府的高度重视,也离不开一线工作人员的辛勤努力和勇于创新。

成绩来之不易,经验弥足珍贵。这些创新做法,为其他地区开展标准化建设,提升公共服务水平提供了可借鉴经验和实践样板。

随着标准化建设的扎实推进,人社服务变得更加贴心、暖

心、舒心，办事群众关心的"怎么办""找谁办""办多久"在优质的人社服务中找到满意答案。

新起点再出发，助力高质量发展

党的二十大报告强调，高质量发展是全面建设社会主义现代化国家的首要任务。

人社工作是重要的民生工作，在推动高质量发展中具有重要地位和作用，实现高质量充分就业、促进人力资源合理流动、健全多层次社会保障体系、加强人才队伍建设、构建和谐劳动关系，都直接关系到高质量发展全局。

立足新起点，展示新作为。会议期间，除了交流经验，与会代表还围绕建立标准化与业务深度融合的工作机制，统筹谋划标准化发展路径、构建本地区基本公共服务标准化体系，推动标准化信息化深度融合、提升人社公共服务效能和治理水平，以及加强标准化机构队伍建设等内容，展开热烈讨论。

"建议加强标准化建设和数字化改革的有机衔接和融通，通过标准化建设助推数字化改革，推动更多的业务在全国范围内实现服务标准化和数据互通，为持续深化全国人社系统跨省通办提供保障。"重庆市人力资源社会保障局相关负责人表示。

"人社服务标准和监管标准应共同推进，创新事中、事后监管方式，强化监管标准化意识，不断提升人社公共服务标准化、规范化、便利化水平。"山东省人力资源社会保障厅相关负责人说。

人力资源社会保障部相关负责人表示,当前人社领域标准已初步实现业务板块全覆盖,但还存在标准产出不充分、不及时和落实不均衡的问题,需要加快健全标准体系,提高标准产出的数量和质量,完善标准实施机制,有效支撑人社事业高质量发展。

该负责人强调,以构建覆盖全民、城乡一体、均等可及、优质高效的人社基本公共服务体系为目标,以标准化为重要抓手,全力推动人社事业高质量发展。各地要结合本地实际,充分吸收借鉴本次试点成果,完善标准体系,加快标准制定。强化标准实施,提高服务效率。推进标准化、信息化有机融合,充分借鉴川渝标准协同试点经验模式,以标准化推动京津冀、长三角、粤港澳大湾区等区域人社基本公共服务跨地区协同,提升区域一体化服务水平。强化标准实施效果评估,及时跟踪标准实施情况。持续强化标准化人才队伍建设,培养一批既懂业务,又懂标准化的复合型人才。

一茬接着一茬干、一棒接着一棒跑。全国人社系统始终坚持以人民为中心,牢牢把握基本公共服务均等化目标,坚持尽力而为、量力而行、凝心聚力、奋发有为,以标准化促进人社基本公共服务均等化、普惠化、便捷化,不断满足人民群众的新期待。

(王东丽)

助发展惠民生　增福祉添活力

——全国劳务协作、劳务品牌成就综述

协作促就业，匠心树品牌。

作为人力资源大国，我国一直高度重视并部署推动劳动者实现高质量充分就业。多年来，人力资源社会保障部针对全国各地产业资源和人力资源优势，着力推动这两类资源有效对接，努力实现资源最佳匹配。东西部劳务协作为两类资源对接建立了有效通道，不仅促进了东部地区产业发展，更促进了中西部地区劳务经济的顺势而上。

据统计，目前全国省市县各层级已签署劳务协议 1 000 余份，外出务工农民工规模连年保持在 1.7 亿人左右，月均收入相比 2012 年翻了一番。

为提升劳务协作的质量和效果，人力资源社会保障部积极推动地方劳务品牌建设，通过品牌建设促进劳动者高质量充分就业，也满足了企业对高素质劳动者的需求，将粗放的劳动力流动升级为高质量的供需对接。目前，我国已经培育各行业领域劳务品牌近 2 000 个。

增进民生福祉的加速器

人民对美好生活的需要日益增长，开展劳务协作、建设劳务品牌正是满足这种增长需要的加速器。

2023年3月，3辆客车载着辽宁省铁岭市国家电力投资集团辽宁清河电力检修有限责任公司的157名清河电力检修工，奔赴千里之外的山东省海阳市，对山东海阳核电站相关机组进行维护检修。通过劳务协作，两个月的时间，每个人都会有近万元收入。

外出务工是农民收入的重要来源。打开外出务工通道，用诚实劳动获得更高收入、更好保障，从而不断提高家庭生活水平，是很多农村劳动者的现实企盼。

今年51岁的田秋，家住贵州省铜仁市松桃苗族自治县。2023年春节，她跟随女儿来到广东省东莞市，打算一边打工一边陪女儿读书。然而，由于年龄偏大，一直没有找到合适岗位。女儿打听到家乡铜仁在东莞有劳务协作工作站，便前往求助。在工作站帮助下，田秋成功入职东莞一家电子公司，获得了稳定收入。

劳务输出品牌是就业的"金名片"。在中西部地区，很多脱贫户通过这张名片的指引，实现了稳定就业增收。而用人单位出于对这张名片的信任，用更少的成本，招到了满意的员工。

劳务协作、劳务品牌具有"树一个品牌富一方百姓"的作

用,而且具有"架一座桥梁改一方格局"的效应。

近年来,人社部门不断探索劳务协作与劳务品牌发展新机制,以协作拓展品牌领域,以品牌提高协作水平,不断深化协作关系、拓展协作内容,不断扩大品牌规模、提升品牌质量。把品牌从民生的社会生活范畴聚焦到经济发展范畴,直接参与、促进经济发展。

为扩大品牌效应,人力资源社会保障部指导各地加强与宣传部门联系,深入开展劳务品牌宣传推广工作,选树推介特色劳务品牌,持续推出劳务品牌、形象代言人系列宣传报道。舆论引导和典型示范相辅相成,形成可学、可做、可推广的良好氛围。

高质量发展的稳定器

"西岐名吃"劳务品牌年经济产值达 140 亿元;"安康美厨"劳务品牌创造经济效益近 60 亿元;"蕲春艾灸师"以三产促二产带一产,2022 年蕲艾产业综合产值过百亿元;"吕梁山护工"劳务品牌护工年工资性收入累计可达 16 亿元以上,且绝大部分收入会带回家乡消费,有效促进当地经济发展。

众多的鲜活数据,反映出劳务品牌在经济发展中的重要作用。

"建筑业是林州市的支柱产业,60% 的农村强壮劳动力从事建筑业、全市财政收入的 60% 依靠建筑业。"作为河南"林州建筑工"代言人，李国强带领旗下的林州宏基建筑工程有限公司，在2021年就实现了公司产值1 600亿元，纳税30.71亿元，成为当地企业纳税大户。

立足当地资源，结合市场需求，发挥专业优势，一批批劳务品牌在做强做优做大，为经济社会发展、改善民生作出贡献。

广东将"粤菜师傅""广东技工""南粤家政"三项工程有机导入省际劳务协作，积极开展定向培训、送教上门、品牌培育等合作交流活动，用创新品牌输出手段带动产业发展。

锦州市御牌餐饮管理有限公司总经理李志是"锦州烧烤"代表性传承人，从业33年来，锦州烧烤店在国内外共有7万余家，提供国内就业岗位近50万个，弟子、再传弟子中的创业者逾万名，品牌立身之地便是机遇萌生之地。

家住山西省吕梁市文水县的席红霞，曾苦于没有一技之长找不到增收致富路。几年前，她得知当地政府部门免费提供"吕梁山护工"培训，且实行"三包五免"后，便毫不犹豫地报名参加，结业后在北京找到了稳定工作。如今，积累了丰富经验的她返回家乡成立了文水红霞家政服务有限公司，带动2 110人稳定就业。

促进返乡就业创业，是劳务品牌一大特点。为此，各地打造了一批劳务品牌产业园区、孵化基地，提供政策扶持、创业孵化、创业指导等一条龙服务，支持劳务品牌从业人员创新创业。

高质量充分就业的助推器

劳务品牌意味着就业容量大，从业人员多，就业更加稳定，收入水平更高，权益更有保障。

家住陕西省汉中市白家坝村的谷明双，是个老实巴交的农村汉子，由于性格腼腆不善言辞，外出找工作屡屡受挫。当地人力资源社会保障局利用劳务协作的品牌优势为他提供了江苏如东一家公司的工作岗位，并提供"点对点"专车服务，直接将他和其他外出务工同乡从家门口送到厂门口。打工三年半，他带着 13 万元收入回到家，修建了一栋两层楼房。

高质量充分就业的前提是就业素质的提升。因此，劳务协作和品牌建设都离不开就业培训。人力资源社会保障部专门实施了劳务品牌创业培训项目，支持劳务品牌和培训机构合作，开展从业人员创业培训，提高创业意识和创业能力。

各地对培训的认识也在不断提高，而且创造了很多好办法。湖北打造以武汉、黄石、鄂州、黄冈为核心的武汉都市圈劳务协作，共享优秀培训讲师、创业成功导师等教师资源，提供全方位的技能提升培训。

在大规模开展劳务品牌技能培训的基础上，一些地方完善劳务品牌相关职业技能等级认定、专项职业能力考核等多元化评价方式，一批批劳务品牌技能带头人成为活跃在各领域的优秀代表。

一批批劳务品牌打造了一张张就业"金名片",提高了劳动者素质,更提升了劳务协作水平,在促进东西部劳务协作深化方面发挥着重要作用。探索劳务协作与劳务品牌发展新机制,不仅为高质量充分就业赋予了抓手,更为增进民生福祉、实现共同富裕提供了保障。

(赵为)

释放博士后创新创业"动能"

人才是第一资源,以博士后为代表的青年人才是国家战略人才力量的源头活水。

党的十八大以来,我国博士后工作深入贯彻落实习近平总书记关于人才工作的重要指示批示精神,博士后人才成长开启"加速度",博士后这一群体在助推高质量发展和高水平科技自立自强中成为生力军。

博士后制度筑牢人才强国根基

从 1985 年我国建立博士后制度以来,博士后制度就肩负着科技强国、培育人才的光辉使命。三十多年来,众多博士后人才培养计划取得突出成效,保障机制不断完善,一套涵盖博士后培养、使用、管理保障的制度体系搭建完成。

党的十八大以来,我国博士后工作围绕培养机制、创新创业、经费投入、服务保障等方面持续改革创新,顶层设计不断完善,制度活力、人才活力不断激发,博士后制度吸引培养了更多青年才俊投身科技创新,破解技术难题。

"博士后制度用几十年的实践充分证明,这是一项具有中国特色的、培养高层次创新型青年人才的制度，政府促进了创新的产业链、资金链、人才链深度融合。"荣昌生物制药（烟台）股份有限公司董事长王威东说。

通过博士后科研工作站，一批批优秀科技人才从高等院校和科研院所向企业聚集，为制造业和实体经济带来更多创新发展的力量。党的十八大以来，博士后招收培养规模逐年扩大，博士后进站人数由 2012 年的 1.25 万人增长到 2022 年的 3.2 万人。目前，我国已设立博士后科研流动站 3 352 个、博士后科研工作站 4 338 个，设站单位涵盖国家经济社会发展各主要领域。

"博士后制度突破了传统人事关系、职称评定、人员编制等方面的限制，打通了博士后在高校、科研院所、企业之间，在不同地域和所有制单位之间，以及在不同学科和科研领域之间的流通渠道，为高层次人才培养使用开辟了一块'特区'。"人力资源社会保障部专业技术人员管理司相关负责人说。

"博士后给予我的是一个更加广阔的学术空间和更加自由的学术氛围。"之江实验室博士后黄禹说，博士后制度能有效激发博士后人才的创新潜能，释放创新创业的活力。

打造科技创新发展"生力军"

乘风破浪潮头立。博士后年龄大多为 28 ~ 35 岁，是创新创造的黄金年龄。作为最活跃、最具潜力、最富有创新能力的

青年科技人才代表,博士后群体为我国科技进步和自主创新提供了有力支撑。

从"嫦娥五号"到"慧眼"卫星,从高速磁悬浮列车到"京华号"盾构机,再到无人植物工厂水稻育种加速器,党的十八大以来,一批在基础前沿、战略高技术和社会民生领域取得的重大成果引人注目。这些成就的背后,都闪耀着博士后群体的智慧光芒。

这些科研成果,实现了许多从"0"到"1"的突破。利用"瞬态电热效应",首次实现高稳定、低成本的柔性透明半导体制热薄膜的制备,填补了国内外市场空白。这种由清华大学博士后张伟团队研制的新型半导体材料,可应用于各个领域,通电即热、清洁高效,并可通过智能化系统对温度与能耗进行精确控制。

这些智慧结晶,聚焦"卡脖子"关键技术,确保了核心技术自立自强。核电是国家战略基石,核反应堆压力容器更是核电站核岛中最核心的关键主设备,是名副其实的"大国重器"。在国际上少数国家拥有百万千瓦级核压力容器制造能力的环境下,孙永平团队聚焦核岛重型压力容器的制造与技术研究,先后完成了华龙一号、国和一号、玲龙一号等全球首台(套)核反应堆压力容器的制造,这些产品的问世标志着我国突破了国外技术封锁,填补了国内空白,并达到国际领先水平,实现了我国高端核岛装备制造的自立自强。

众多科研成果，聚焦产业化应用，让创业创新真正变成带动一地发展的"致富经"。吉林农业大学博士后们在李玉院士指导下，为国家级贫困县提供符合当地气候和产业需求的菌种等资源和栽培技术，让"小木耳"成为"大产业"。

一个优秀的人才，一个优秀的团队，能引领一项科技创新，催生一个产业，带动一方发展。"博士后是重要的科研生力军，我相信中国的博士后大有作为。"中国工程院院士、全国优秀博士后凌文对中国的博士后发展满怀信心。

为博士后创新创业提供更多支持

习近平总书记指出，要提高关键领域自主创新能力，创新支持政策，推动科技成果转化和产业化，加快研发具有自主知识产权的核心技术，更多鼓励原创技术创新，加强知识产权保护。

"最强大脑"的最新成果，正逐步通过全国博士后创新创业大赛落地，从实验室快速走向生产和生活。

"这次'揭榜领题'赛以企业按需'点菜'、博士后精准'上菜'的方式展开，我们按照需求完成了企业的要求，通过签署合作协议，实现了科技成果转化，也为企业创新发展注入动力源。"重庆交通大学参赛团队负责人刘松说。

第二届全国博士后创新创业大赛共有766家单位（项目）和40家全国知名创投机构参加现场交流对接，92个"揭榜领

题"项目和 80 个成果转化项目现场签约,意向合作金额 43.54 亿元;在人才招聘上,达成工作意向上千人次。

"本届大赛为青年博士后人才切磋竞技、交流碰撞提供了广阔舞台,激励他们关注产业需求、投身科技创新,促进博士后人才挑战自我、加速成长。"人力资源社会保障部专业技术人员管理司相关负责人表示。以大赛为平台,"赛展会"结合为形式,博士后科研成果与企业需求深入对接,激发博士后创新潜能,释放博士后创业活力,推进"卡脖子"关键技术难题破解和博士后科研成果转化。

"卓越博士后计划""尖端人才计划""天池英才计划""彩云博士后计划"……厚积薄发,越来越多的地区开始重视博士后创新创业能力培养,通过不断完善博士后人才"硬软"环境建设,强化博士后"引、育、留、用、服"全链条政策和服务,为博士后创新创业提供更大支持。

"要确立正确的人才评价机制,以更包容的态度、更大的诚意鼓励博士后多样化发展,深化博士后与企业的对接,在供需之间聚合研发力量,完善博士后流动站工作。"国际欧亚科学院院士陆亚林说。

(赵泽众)

为稳就业搭好台唱好戏

——2023年大中城市联合招聘高校毕业生秋季专场回眸

高校毕业生就业关系到经济的发展、社会的稳定、家庭的福祉。

线上线下共举办1.5万场招聘会,发动58.8万家用人单位提供岗位需求935万人次,参与求职的毕业生953.2万人次,同比增长23.4%。

这组数据,是人社部门深入贯彻落实党中央、国务院关于做好高校毕业生等青年就业工作决策部署,扎实开展"职引未来"——2023年大中城市联合招聘高校毕业生秋季专场系列活动的一个缩影。

精准对接,有的放矢拿出实招

"人社部门组织的专场招聘会满足了我们的需求,同时在我们和高校间搭建了沟通平台,为后续招聘开辟了稳定渠道。"宁夏建工集团有限公司党群人力资源部主管岳子玮告诉记者,通

过大中城市联合招聘，公司招到一线技术人员 150 余人。

聚焦就业需求量大、市场紧缺、专业壁垒较高的行业，人社部门推出了新能源材料、先进制造业、影视等行业招聘专场，促进供需双方高效精准对接。同时，结合各地产业特点，将专业化、精准化、小型化、定制式的现场招聘会开进高校、社区、街道和园区，频次密集、形式灵活多样，在不同时空节点开展就业服务。

各地也纷纷锚定重点拿出实招。有的举办专场招聘会，为优质企业招贤纳才搭平台，如浙江东阳举办影视人才招聘会，100 多家知名影视企业吸引了来自北京电影学院、中国戏曲学院、上海电影学院等高校的 2 300 多名毕业生，当天初步对接成功率近 50%。有的安排求职者走进企业直接体验工作环境，减少就业选择盲区，如黑龙江大庆特邀相关专业的 110 名外地应届毕业生到大庆大宇宙科技开发有限公司实地参观考察，近半数毕业生当场达成就业意向，实现供需"双向奔赴"。有的注重"一人一策""一企一策"，如新疆生产建设兵团梳理企业紧缺人才清单，对比毕业生实名台账清单，组织符合条件的毕业生与企业面对面座谈交流，推荐上岗，促进人岗精准匹配。

协作联动，汇聚资源效益倍增

北京以"多城百企汇聚京城延揽人才，莘莘学子建功立业志在四方"为主题，向全国公共就业和人才服务机构发出邀请函，天津、河北、江苏等7省8市携多家企业来京参会，共提供7 000余个工作岗位，共促高校毕业生等青年群体实现就业。

江苏省人社部门联合民政部门、盐城市政府，发挥人力资源服务机构和社会组织的作用，集聚岗位信息，为毕业生提供更多的高质量岗位。

区域与区域携手、部门与部门联动，是大中城市联合招聘的优势之一。联动看似加法，实则有指数效应。

人社部门把重点放在高校集中、毕业生数量较多的城市及长江经济带，邀请兄弟省市携用人单位组团参会，尤其是邀请长江经济带企业及部分中西部用人城市，举办或综合或专业的招聘活动，供需双赢效果倍增。

"今年，我们充分调动市场的积极性，中智集团、智联招聘等一大批市场主体参与到活动当中，汇聚各路资源、发挥各自优势，为高校毕业生提供多元化、精细化的就业服务。"全国人才流动中心相关负责人介绍，他们还将大中城市联合招聘与"百城万企"民企高校携手促就业行动秋季系列活动进行联动，在活动主会场开设了"百城万企"招聘线上专区，不断畅通人才流动渠道。

线上线下，创新方式新颖亲民

"老总亲自带岗直播，可见对人才的足够重视。"

"必须是酒店管理相关专业才行吗？"

"直播结束后,我们会对线上求职者简历进行筛选,符合条件的会很快收到面试通知。"

……

在2023年11月17日举办的"职引未来"——湖南省2023年大中城市联合招聘高校毕业生秋季专场直播带岗活动中,优质的招聘岗位、新颖的企业宣传,引得直播间人气旺盛、互动频频。

这是大中城市联合招聘线上活动的一个缩影。"为助力中小城市吸引人才,我们策划了系列直播带岗活动,通过'城市发展环境+人才新政+优质岗位'充分展示中小城市魅力。"全国人才流动中心相关负责人说,系列活动在甘肃及辽宁沈阳、河南平顶山、安徽宣城等地办了10场,吸引66.6万人次在线观看。

纵观大中城市联合招聘,各类新媒体平台各领风骚。各种视频双选会、企业云宣讲、直播带岗等,形成一道道亮丽风景。

线上招聘缤纷多彩,线下服务也是多元创新,"校门口"就业服务站、社区就业服务点、人才夜市等,形式新颖亲民,服务更加贴心。

湖南长沙"校聘小屋"进驻14所院校,毕业生可快速获取岗位信息、进行在线面试和AI职业心理测试,以及预约申请远程职业指导等公共就业服务。

上海在党群服务中心等公共服务平台嵌入社区就业服务站

点，提供就业需求排摸、就业岗位筹集等6项核心功能，及时掌握服务对象的就业动态，及时提供岗位信息，及时协助服务对象办理就业事项。

广西南宁将年轻人喜闻乐见的夜生活场景与求职招聘活动相结合，打造"夜市经济＋人才招聘＋创意市集＋政策宣传"一体化公共就业推进模式，一改服务老面孔。

（赵为）

地方篇

依法治欠的首都样本

——北京落实《保障农民工工资支付条例》三年记

三年来，北京市共立案查处拖欠务工人员工资案件 1.19 万件，为 3 万余名务工人员追发工资 5.11 亿元。数字往往是比较直观地通过结果反映过程的注脚，尤其是社会关注度高的工作。

为落实好《保障农民工工资支付条例》，北京市根据实际不断细化完善相关制度，重点在工程建设领域制定农民工工资支付综合监管实施方案，并列入市委"每月一题"民生高频事项督办重点，做到接诉即办、防患未然，基本形成欠薪治理的"974"制度机制责任体系，健全劳动用工实名制管理、工资支付等九项制度，建立监测预警、研判会商等七项机制，压实部门、属地、企业、社会四方责任。市区两级人社部门会同相关部门将日常监管和源头预防相结合，对欠薪问题实行分类施策、协同联动，依法治欠取得积极成果。

2021 年，解决拖欠工资问题经北京市委"接诉即办""每月一题"重点督办，"治理满意度"调查全市排名第一，"劳有所得"指标比上年同期提高 33.5%，在全市"七有""五性"民

生指标中提升幅度最大。

部门协同谋长效

2021年，北京市东城区某餐饮公司一名服务员通过"12345"热线，投诉该公司拖欠员工工资问题，随后陆续有多名该公司的劳动者拨打了投诉电话。东城区人力资源社会保障综合执法队快速展开案件调查。

经了解，该公司受疫情影响资金周转出现困难，难以全额支付拖欠工资。为了快速化解报酬纠纷，综合执法队与区法院通过"诉调对接"方式，由劳动保障监察员对企业负责人进行法律法规宣传教育，调解员安排双方参加面对面调解。常驻综合执法队"诉调对接"法官在调解成功后立即进行司法确认，仅用5个小时就以"公司分期支付所欠员工薪资"的方式解决了纠纷。

"诉调对接"是北京市劳动保障监察部门协同各相关部门推进欠薪治理诸多创新措施中的一个。

与住房城乡建设等行业主管部门建立紧密的隐患排查、制度推进和执法协调机制；与发展改革、财政、国资等部委联动排查处置政府投资项目和国有企业项目；与法院联合开展拖欠农民工工资案件集中审理和优先执行专项行动……

北京市还在机制长效上下功夫，在确保制度刚性运行、欠薪隐患快速排查、突发问题快速处置等方面，积累了一定经验。

"处理拖欠工资突发问题时，我们在交属地处理的同时，还依托行业主管部门解决前端源头问题，监察执法调查和仲裁快立快审快裁绿色通道联动配合、仲裁和法院环节衔接，推动问题快速解决。"北京市根治拖欠农民工工资工作协调小组办公室相关负责人说，"对重大欠薪问题，我们采取'一案三函'的方式，向行业主管部门发提示函、向属地政府发督办函、向市委市政府督查室和市纪委督查室上报情况反映函，推动相关区和部门落实治理欠薪问题的责任。"

科技赋能早预警

2023年2月，在国家金融监管总局北京监管局定期推送的农民工工资专用账户预警信息中，发现多条涉及某建筑施工企业38个在建项目的预警提示。

北京市人力资源社会保障局即刻将预警信息按所在区进行派发，通过劳动监察网格员现场核实，发现多个账户进出账金额明显低于应发工资数额、专用账户没有专户专用、多个项目共用一个账户等问题。随后，市根治拖欠农民工工资工作协调小组办公室立即会同相关区约谈该企业，检查其在全市的51个在建项目，对存在问题的下发整改通知书，告知如逾期不改将依法给予行政处罚。

这是北京人社部门与金融监管部门利用北京金融综合服务网建立农民工工资专用账户联动监管机制，对农民工工资支付

实施的精准预警和动态监管措施,也是北京市沿着"互联网+监察"建设思路,推进智慧监察建设,不断为欠薪问题治理提供的新手段。

"利用现代信息技术和大数据应用,我们开始实现部门间业务融合、数据融合、技术融合,以数据共享、远程监测、移动监管等科技赋能欠薪治理。"北京市劳动保障监察总队相关负责人说。

欠薪风险线上预警、线下处置、数字监管三管齐下,使北京市劳动监察部门"未诉先办"能力得到大幅提升。除与国家金融监管总局北京监管局合作实行联动监管外,北京市人力资源社会保障局还与市住房城乡建设委"全市建筑工人管理服务信息平台"共享劳动用工实名制管理和工资支付信息数据,通过"风险+信用"综合评估形成ABCD四级企业清单和欠薪隐患清单,及时预警欠薪隐患,形成了监测预警处置反馈工作闭环。

目前,北京市已向各区派发全市规模以上在建工程项目预警信息2 646条,这些预警全部在核实后反馈了处置结果。

监管创新聚共识

据统计,北京市2022年比2018年查处企业拖欠农民工工资案件量下降30%。

其中不仅有坚持依法治欠使企业违法成本提高的因素,更有北京市人社部门通过助企为民、营造与民心民意相向而行监管创新的不断努力。

尤其是在疫情和经济下行双重压力下，北京市更加注重处理好依法维护劳动者权益和促进企业健康发展的关系，做到执法与服务、查处与预防、处罚与教育相结合。

"为降低疫情对建筑施工企业影响，减轻企业负担，我们以'免申即享'方式实施阶段性缓缴农民工工资保证金政策，并报请市政府批准，在全国政策基础上将缓缴期延长至 2022 年年底，为 200 余家建筑施工企业释放资金 1.6 亿元。"北京市劳动保障监察总队相关负责人告诉记者。

在处理企业欠薪问题时，北京市还避免采取简单的"一罚了事"做法，凡是能够立即改正并支付拖欠工资的，多采用协调化解的办法；凡是有诚意支付工资但确有一时困难的，多推动用协商解决的办法，可采取签订分期支付协议或者启用相关监管资金的办法。但对于经责令整改仍不改正的拖欠工资行为，北京市人社部门也绝不姑息，既要查工资支付现状，又要查制度上的漏洞，对整改落实不到位的依法立案，对涉嫌拒不支付劳动报酬罪的，移送司法机关追究刑事责任。

正是本着这种包容审慎，同时也是严格依法办事的工作原则，北京市人力资源社会保障局在监管中创新了许多可复制的"场景模式"。

《保障农民工工资支付条例》实施以来，北京市通过向建筑

施工企业发放"农民工工资支付合规手册"等，加强法律法规宣传引导，让企业及时了解合规方向和监管环境，规范劳动用工过程管理，减少劳动纠纷；在全国率先实施农民工工资保证金保函替代政策，鼓励施工企业以银行保函等非现金方式办理农民工工资保证金，减轻企业资金占用压力；实施农民工工资保证金差异化管理措施，给予风险低、信用好的施工企业以降低存储比例或免于存储的优惠政策。

今后一段时期，北京市人力资源社会保障局总结既往经验、根据治理需要，把源头治理作为工作重点，进一步促进保障农民工工资支付的制度全覆盖、实落地。各级人社部门帮助企业梳理潜在风险，指导他们完善保障农民工工资支付的制度，面向企业开展规范用工咨询、劳资专管员培训等。通过把企业、职工、监管部门和社会各方面力量形成合力，最终实现顽疾根治的目标。

（赵为　邱燕萍　张赛）

聚天下英才　绘海河新卷

——天津人社高质量发展助力"制造业立市"

渤海之滨，海河之畔，天下之津。

党的二十大报告提出，推进新型工业化，加快建设制造强国。近年来，天津深入实施"制造业立市""建设制造强市"战略，从传统产业向战略性新兴产业跃升。

站在新的历史起点，天津人社部门持续深化"海河英才""海河工匠"战略举措，持续聚焦引才育才，营造良好人才环境和创新创业氛围，为推进制造业转型升级提供人才支撑和智力支持。

"海河英才"聚天下之才

"从提出申请到拿到'海河英才'卡，仅用3天时间。未来我和家人落户天津，没有后顾之忧，我更安心在津扎根发展。"2023年3月，作为"高精尖缺"优秀人才，康希诺生物股份公司生产部门高级副总裁李志斌为天津人才服务竖起大拇指。

天下多才，在所用之。为加快引进和聚集更多紧缺人才，《天津市"海河英才"卡管理办法》2023年施行，将引进人才"绿卡"升级为"海河英才"卡，配套15项服务功能，加快营造"近悦远来"的人才发展生态。

天津曾以制造业闻名于世。天津是我国近代工业和制造业发祥地，工业底蕴深厚；新中国成立后，诞生过飞鸽自行车、海鸥手表等100多项制造业"全国第一"。

重振制造业荣光，人才是第一资源。天津深入实施"人才强市"战略，大力、大胆、大方、大气培养引进各类人才，为天津高质量发展筑牢人才根基、提供智力保障，加快新旧动能转化。

2018年5月，在第二届世界智能大会上，天津市政府发布"海河英才"行动计划，涵盖8个方面30条措施，释放出"聚天下英才而用之"的满满诚意；2021年5月，聚焦打造"海河英才"行动计划升级版，天津市委办公厅印发《中共天津市委、天津市人民政府关于深入实施人才引领战略加快天津高质量发展的意见》，围绕"制造业立市"目标，汇聚高精尖人才入津发展。

2023年3月，得益于海河英才"双一流"高校人才对接活动，南开大学周恩来政府管理学院应届毕业生高天雅与天津光电集团有限公司签订三方协议。

"'海河英才'招聘专区中，聚集众多知名企业，"高天雅记忆犹新,"非常感谢本次活动,让应届毕业生获得优质就业机会。"

栽下梧桐树,引来金凤凰。天津积极搭建以"会、展、赛、盟"为主体的引才聚才平台,持续举办"津洽会"人才智力引进、"双一流"校园招聘、创新创业大赛等活动。"海河英才"行动计划实施 5 年来,累计引进各类人才 45.7 万人,其中战略性新兴产业人才占比 26.2%。

"海河工匠"助推转型升级

2022 年 2 月,天津航空机电有限公司电力分厂装配班组组长李强荣获第三届"海河工匠"称号。"只有技能工人队伍真正强大,'航空梦''中国梦'才能早日实现。"作为一名航空产品制造者,李强难掩自豪。

"海河工匠"是天津市授予在高端装备制造、智能科技等领域做出突出贡献高技能人才的最高荣誉奖项,每年评选一次,每次评选 10 人。

2019 年 4 月 28 日,天津市开始实施"海河工匠"建设工程,政策以"海河工匠"命名,体现天津地域文化特征,旨在提高天津制造业核心竞争力和创新能力。为打造"海河工匠"品牌,天津打出高技能人才队伍建设政策"组合拳",对认定的企业培训中心、公共实训基地和高技能人才培养基地,统一命名为"海河工匠"培训基地,举办"海河工匠杯"技能大赛,

建设"海河工匠之家"。

"4年来,我从一名普通的软件工程师成为一名精通软硬件的物联网工程师,成长为公司技术骨干。"在天津宜科自动化股份有限公司"海河工匠"培训基地,工业互联网工程师周金鹏感受强烈。2022年8月,在第三届"海河工匠杯"技能大赛上,周金鹏进入物联网比赛项目前6名,被评为百名优秀技能高手之一。

定期举办"海河工匠杯"技能大赛,带动企业职工参与岗位练兵和技术比武,激励一大批青年走上技能成才、技能报国之路。"通过参加技能大赛,既能提高青年员工的技能水平,也可检验公司在物联网领域的实力。"天津宜科自动化股份有限公司董事长张鑫表示。

"海河工匠"建设工程另一大特色,就是撬动和盘活企业设备设施及培训资源,企业公共实训基地面向社会开展公共实训,培训补贴最高上浮25%,补贴"直补"企业。

张鑫介绍,其公司作为年产值超10亿元的国家级专精特新"小巨人"企业,先后组建企业培训中心、高技能人才培训基地、"海河工匠"培训基地,并面向社会开设智能制造、工业互联网等培训课程。

聚沙为塔,积木成林。天津市人力资源社会保障局职业能力建设处相关负责人娓娓道来:"人社部门在全市遴选一批设施设备先进、技术水平领先的企业培训中心,认定为企业公共实训基地，鼓励企业在开展职工内训的同时，面向社会提供公共实训服务。"

"海河工匠"建设工程实施4年来，累计开展补贴性职业技能培训103万人次，共认定475家企业培训中心，同时，建成18个国家级高技能人才培训基地和45个市级高技能人才培训基地、30个国家级技能大师工作室和77个市级技能大师工作室。

"十大联盟"厚植人才沃土

2020年下半年，天津在全国先行先试，以优化人才创新创业生态为突破口，成立智能轨道交通、智能网联汽车、生物医药等"十大产业人才创新创业联盟"，即"十大联盟"。这是继"海河英才"行动计划、"海河工匠"建设工程之后，天津招才引智政策的又一重大创新。

为了支持联盟发展，2021年3月，天津市人力资源社会保障局印发《支持天津市人才创新创业联盟发展的若干措施》，全力支持人才联盟引进高端紧缺人才、进行人才培养和激励评价等。

"对天津高层次人才服务很感动，对天津营商环境很满意。"2023年3月17日，天津海钢板材有限公司加拿大籍总经理胡雪华紧紧握住人才服务专员李海峰的双手说。天津海钢板材有限公司是天津"十大联盟"重点企业，且连续四年入围

"天津制造业企业100强"榜单。3天前,天津市引进人才综合服务中心接到信息,胡雪华因工作许可和签证均临近有效期而无法正常出入境,该中心迅速启动"三个一"工作机制,即服务企业和人才1小时反应、1天内对接、1周内反馈。

"中心联合市科技局、市公安局出入境管理总队、静海区人力资源社会保障局,前往天津海钢板材有限公司现场办公,仅两个工作日就为外籍总经理办好相关证件。"李海峰说。

两个工作日就为企业解决急难愁盼问题,这是天津"十大联盟"人才生态的生动例证。如果把"海河英才"行动计划比喻成栽下梧桐树,"十大联盟"就是一片沃土、一种生态。

"'十大联盟'实行'1+1+1+N'运行机制,每个联盟确定一个区、至少一所高校、一所职业院校、一大批领军企业作为共同发起单位。"天津市人力资源社会保障局相关负责人介绍。

天津市委人才办牵头抓总,纵向联系"十大联盟"秘书处,横向衔接人社、工信、科技等10个委办局、30个专业化处室,构建网络化、扁平化、专业化的人才工作矩阵。

人才引领项目,项目带动产业,产业推动发展。"十大联盟"精准对接产业链与人才链,互促共融。"一说产业联盟,各区争相推进,人才工作如虎添翼。"天津市人力资源社会保障局相关负责人说。

不断丰富"十大联盟"生态内涵,聚焦科创企业人才职称需求,天津建立民营企业工程技术系列高级职称评委会,开辟职称评审"直通车"服务。"无人机测绘是新兴行业,我已破格评上'测绘航空摄影'高级职称。"天津云圣智能科技有限责任公司航空测绘部负责人高琦连连感叹。

"传统行业评审政策较为'粗线条',智能装备、锂离子电池、物联网等新兴产业崛起,之前只有技术认证而没有职业认证。"天津市人力资源社会保障局专业技术人员管理处相关负责人解释。

我劝天公重抖擞,不拘一格降人才。2022 年 3 月,围绕"制造业立市",天津完成 27 个系列职称评审改革任务,构建完整的职称制度矩阵,发挥职称评价"指挥棒"作用,实现"精准化"评价人才。

"天津采取'市区联动、一年多评、一企一评'服务模式,根据产业链特点,结合产业人才联盟需求,对企业研发人员分专业、分层级精准评价。"天津市人力资源社会保障局相关负责人表示。

从 2021 年 3 月至 2023 年 5 月,天津市已为 69 家重点科创企业提供职称评审"直通车"服务,集中在工程技术系列人工智能、航空航天、电子信息等 10 多个新兴专业,1 139 人取得职称。

九河下梢,海纳百川。从"海河英才""海河工匠"两大人才强市战略举措,到"十大产业人才创新创业联盟"厚植人才沃土,"近悦远来"的人才生态,正在海河两岸孕育成型、蓬勃发展。

千帆竞发春潮涌，百舸争流正当时。未来，天津人社部门将全力打造高质量发展的人才高地，加快构建"天下才、天津用"的人才工作大格局，加快形成人才资源竞争新优势，努力为天津制造业转型升级贡献澎湃动力。

（游翀）

燕赵出新育人策　技能成才堪报国

——记河北职业能力建设工作

临城李春，他与赵州桥名传海内外。

邢台郭守敬，他的天文仪器名扬历史。

在这块平原上，还制造出中国首座机械矿井、首条标距铁路、最快的复兴号高铁……

这就是号称燕赵大地的河北，中国近代工业摇篮、大国工匠筑梦之地。

党的二十大以来，河北省将技能强省列为重点工作，人社部门聚焦全省12个主导产业和107个县域特色产业对技能人才的需求，努力健全完善技能人才培养、使用、评价、激励制度，让更多年轻人走上技能成才之路。

政策高架设计，评价与时俱进

11名"中华技能大奖"获得者，174名"全国技术能手"，55名高技能人才享受国务院政府特殊津贴，500名"河北省突出贡献技师"……

近年来,燕赵大地一批批技能人才脱颖而出,究其原因是得益于政策体系的不断创新。

"技能人才政策制度建设是我们着重抓的工作。"河北省人力资源社会保障厅相关负责人介绍,以《河北省关于加强新时代高技能人才队伍建设的二十条政策措施》为指导,形成了《技能强省行动方案(2023—2027年)》《关于健全完善新时代技能人才职业技能等级制度十七条措施(试行)》《关于深化技工院校改革 大力发展技工教育的意见》等12个配套文件,覆盖技能人才培养、评价、激励、使用全过程和劳动者技能提升的各个环节,形成一个完善的政策体系。

"我们技术工人赶上了好时代!国家和河北省出台的系列政策,为更多人走技能成才、技能报国之路提供了保障。"中华技能大奖获得者、国网冀北电力有限公司唐山供电公司变电运行工李征道出了由衷心声。

"我们先后取得药物制剂工、有机合成工、药物检验员等7个工种的职业技能等级自主认定资格。3年来,完成药物制剂工、有机合成工共计5 500余人的职业技能等级认定,并颁发了相应证书。"石药控股集团有限公司人力资源中心相关负责人说,人社部门的政策实实在在地促进了企业发展,"标准化的培训体系和健全的技能人才评价机制提升了劳动效率,我们在生产面积、生产设备、一线员工没有增加的情况下,提高了产量。"

多元化技能人才评价能够激励引导更多劳动者特别是青年人才走技能成才、技能报国之路。

在河北，技能人才评价体系与时俱进，人社部门指导用人单位和社会组织把侧重点放在职业能力、工作业绩、工匠精神和职业道德养成上，使有真才实学、实干敬业的技能人才得到肯定。持续向用人单位和社会组织放权，促进企业自主评价与社会组织专业评价相结合。目前，河北省共认定521家企业自主开展技能人才评价，遴选104家第三方评价机构向企业和社会提供评价服务。

"我们还全面深化职业资格改革，促进评价结果与用人制度有机衔接。"河北省人力资源社会保障厅相关负责人说，河北省打破职称评审与职业技能评价界限，制定符合高技能人才特点的职称评审条件和评审方法，拓展贯通领域，明确技能类职业（工种）与工程、农业等8大领域的对应关系，"我们还成立了高技能人才职称评审专家库，实行单独分组、单独评审，使评审更公正科学、严谨专业。"

育人改革教育，成才终身学习

"现在，学校的专业设置都紧贴社会发展需要，我们系就有两个河北省的骨干专业，只要有就业意愿的，基本一毕业就能找到比较理想的工作。"唐山劳动技师学院机械工程系教学负责人对学生的职业未来充满信心。

该负责人的信心，是随着河北省不断深入的技工教育改革逐步树立的。在人社部门指导下，技工院校持续优化专业结构，培育专业特色，加强师资培养，一下子就让学校换了块"金字招牌"。

技工院校还与公共就业服务机构、用人单位合作，共同组织制订人才培养计划，并提供就业招聘、就业创业指导等多样化服务。"招工即招生、入企即入校"，使技工教育名声大振。

目前，河北省技工院校数量保持在 220 所以上，在校生人数保持在 17 万人左右，毕业生就业率保持在 98% 以上，技工院校成为名副其实的人才蓄水池、产业生力军。

随着技术进步速度的加快，技能人才是需要终身学习的。"河北省注重建立健全终身职业技能培训制度，以企业、技工院校、各类培训机构为依托，覆盖城乡全体劳动者、贯穿劳动者工作终身。"河北省人力资源社会保障厅相关负责人说，2019 年以来，河北省已累计开展补贴性培训 335 万人次，让更多劳动者长技能、好就业。

"主活塞不能在阀体内拆卸，必须取出后在专用台钳上、用专用工具分解，否则容易造成扭曲变形。""清洗时水温不能超过 48 度……"

作为中车石家庄车辆有限公司总装车间制动阀班班长，韩世光经常在班前交底、班后总结中对员工进行技能培训，"只有坚持学习，才能不被行业淘汰。我们这很多'90'后员工，通过不断学习已成长为车间的多功能工。"韩世光说。

终身学习和技能晋级是紧密联系的。河北省全面推行职业技能等级制度，实行由学徒工、初级工、中级工、高级工、技师、高级技师、特级技师、首席技师构成的"新八级工"职业技能等级（岗位）序列。组织 24 家企业开展特级技师评聘试点工作，让学习进步、技能成才形成社会风气。

竞赛新人辈出，促教促学促训

在世界技能大赛上获得 1 枚银牌、2 个优胜奖，全国技能大赛获得 2 金 4 银 3 铜和 53 个优胜奖，河北省参赛选手在各项重要技能赛事中取得优异成绩。

河北省人社部门认为，荣誉不仅是既往的成绩，更是今后的动力。他们逐渐形成了以世界技能大赛和全国技能大赛为契机、以全省职业技能竞赛为龙头、以行业和市级竞赛为主体、以企业岗位练兵比武为基础的职业技能竞赛体系。

"颜色要符合题目的定位，搭配要明亮一些，光影要更真实，效果偏向实物。"邢台技师学院的教师李欣正在给学生上课。

李欣是第二届全国技能大赛平面设计项目铜牌获得者，也是母校邢台技师学院平面设计专业的指导教师。在教学实践中，她经常将参赛经验传授给学院平面设计项目的梯队选手。

"只要有比赛，我都会鼓励学生报名。"在李欣看来，技

能竞赛是交流技艺的舞台,能够快速积累最新素材,提升设计能力。

在河北,越来越多的技能人才通过竞赛脱颖而出、茁壮成长,争优争先成为新时尚。"今年我们举办的河北省首届职业技能大赛吸引了2.1万人现场观摩,云直播观看超过6 500万人次,技能价值和技能魅力可见一斑。"河北省人力资源社会保障厅相关负责人说,目前,省内各市和大型企业每年都开展市级技能竞赛和企业岗位练兵、技术比武,参与人员达到10余万人次。以赛促训、以赛促教和以赛促学已成业界共识。

"冀"望未来,任重道远。"我们将以技能强省为抓手,多举措发展技工教育,更大规模开展职业技能培训,更大力度强化激励使用,打造一支技艺精湛、素质优良、结构合理的河北技能大军。"河北省人力资源社会保障厅相关负责人如是说。

(赵为)

煤都拓"云"岗 引来"数字"人

——山西促进资源型城市高质量充分就业掠影

"我参加14天普惠制职业培训后,经人社部门推荐顺利找到工作。"近日,山西朔州三育堂幼教中心保育员武婷婷满脸笑容地对记者说。

武婷婷今年29岁,大学毕业后开过一间饰品店,但很长一段时间都在家全职带娃。初入职场,武婷婷对这份有规律的工作很满意:"平时可以接送刚上小学的儿子上学放学,晚上辅导作业,周末也不用加班。"

武婷婷的就业经历,是山西促进高质量充分就业工作的一个剪影。作为我国重要能源基地,山西煤炭资源丰富。然而,一煤独大导致产业单一,众多资源型城市如何通过产业转型实现稳就业、促就业,如何千方百计拓宽就业渠道,人社部门扮演至关重要的角色。

挖掘更多优质岗位

朔州地处晋北地区,人口有159万人,就业人口约74万

人，每年新增城镇就业人口约 2 万人。朔州因煤立市，主要财政收入来自煤炭及其衍生产业，如煤机制造、煤炭深加工等。

"今年以来，朔州市人社部门积极发挥就业补助资金稳就业促就业作用，强化就业优先导向，努力提高经济发展的就业带动能力，落实公益性岗位补贴、社保补贴、小微企业一次性吸纳就业补贴等支持政策，支出资金 8 315 万元。"朔州市人力资源社会保障局相关负责人介绍。

资源型城市转型发展，职业技能培训必须提质增效。为此，朔州市人社部门大力推进"人人持证、技能山西"建设，广泛开展订单式培训、项目制培训、企业在岗职工培训、普惠制培训、创业培训。2023 年 1—11 月，朔州市人社部门开展职业技能培训 7 563 人，新增各类技能人才 9 890 人。

地处在北京、太原和呼和浩特三角地带中心位置的大同，拥有中国最大的煤矿，被称为"中国煤都"。与朔州类似，煤炭行业在大同也具有举足轻重的地位，但随着近年来煤炭产业推进自动化、智能化生产，煤炭行业吸纳就业潜力受限，如何开发和挖掘更多更高质量的就业岗位，成为摆在大同市人社部门面前的一道思考题。

大同至北京的直达高铁，全程只要 100 分钟，大同人外出就业首选北京。"要把朝气蓬勃的高校毕业生和年轻人留在大同，这个城市才有前途。作为三四线城市，市委市政府一直在考虑如何把大同的'娃娃们'留下来，支持大同高质量转型发展。"大同市人力资源社会保障局就业促进科相关负责人告诉记者。

为此,大同把数字经济作为转型发展的核心引擎和重要抓手,把发展数据呼叫(标准)产业作为稳就业、促就业的有力抓手,为稳定全市就业大局、增进民生福祉、推动产业转型提供重要支撑。

真金白银吸引数字企业

在位于平城区的大同市政府西侧,一路之隔就是京东物流(大同)客服中心。午后,三三两两的年轻人散落在附近愉快地聊着天。

"客服中心设有客服坐席3 000个,承接华北、西北及东北地区京东物流客户服务进线业务,是京东物流全国第二大客服中心。"京东物流(大同)客服中心政府事务负责人李娜表示。

据介绍,该客服中心2021年10月15日揭牌,在人社部门帮助下,对5 000多份简历进行筛选,11月3日首批400名员工正式入职,中间不过短短18天时间,社会反响非常好。

"非常感谢人社部门大力支持和全方位宣传,客服中心成立两年多以来,业务规模不断扩大。"李娜道出真实感受,"人社部门每周都有线上带岗和线下招聘活动,近期还推出社区招聘活动,时常邀请我们参加。"

东北姑娘屈丽雪今年29岁,本科毕业于吉林大学工商管理专业。"我是大同媳妇,嫁到大同很多年了。这些年,大同发展非常好,以京东为代表的一大批数字企业落地,为青年人提供了较好的发展平台。"入职京东后,屈丽雪从一线客服岗位做起,今年刚刚转岗晋升管理岗,管理约200人的团队。

五险一金、餐补、房补、司龄奖、全勤奖,温馨宿舍,免费班车,大厂团建,惊喜下午茶……京东物流(大同)客服中心优厚的薪资福利,吸引了众多青年人入职。"我们的薪酬是绩效制,鼓励员工通过努力获得应有的回报。客服月最高工资超过七八千元,普通员工平均月工资也在4 000元左右。"李娜介绍。

记者了解到,除了正式员工,客服中心每年都有3~4个月短期用工需求,刚好匹配大同大中专学生实习需求。今年"双十一"期间,客服中心就招聘入职500名实习生,这批实习生将一直工作至明年春节。

目前,以呼叫(标注)为代表的大同数字经济步入快车道,数据服务产业成为吸纳年轻人就业的重要渠道。近3年来,大同引进数据呼叫(标注)龙头企业近30家,就业规模1.4万人,数字服务外包产业规模近30亿元。

"人社部门充分发挥京东、抖音、科大讯飞等龙头企业带动作用,做大产业规模、做优产业结构、做出产业特色,进一步擦亮叫响'云中声谷''云中数谷'产业品牌,增强大数据产业集聚效应，带动实现更加充分、更高质量就业。"大同市就业和人才服务中心主任王纵驰说。

李娜还感叹，大同拿出真金白银吸引数字企业落地。"企业每增加一个就业岗位，并在本地缴纳社保费，政府即给予 1 万元坐席补贴。此外，企业每招聘一名员工，还可以申请 1 500 元吸纳就业补贴。"王纵驰说。

服务业快速拉动就业

资源型城市转型发展，必然要求全面提高劳动者素质。为此，朔州市人社部门高度重视劳务品牌建设，加快建设知识型、技能型、创新型劳动大军。

"朔州将推动劳务品牌建设作为资源型城市转型发展的重要抓手，主动对接市场发展需要，积极培育劳务品牌。"朔州市人力资源社会保障局就业促进科相关负责人介绍，"朔州充分发挥省级劳务品牌带动能力，带动'一县一品'劳务品牌壮大升级。目前，朔州共培育特色劳务品牌 6 家，其中省级劳务品牌 1 家，带动就业 1.2 万人。"

通过服务业快速拉动就业，山西娅菲人力资源服务有限公司是朔州代表性企业。今年 7 月，在山西省第十届星火项目创业大赛上，山西娅菲人力资源服务有限公司参赛项目——"家政人的中国梦"获得专项赛劳务品牌组二等奖，该公司主营业务包括家政服务、养老护理、物业管理、人力资源等，其中物业管理吸纳就业人员超过 3 000 人。

"现在人民生活水平提高了，月嫂签约起步是 26 天，月工资为 9 800 元，高级月嫂一直处于供不应求状态。"山西娅菲人力资源服务有限公司董事长张文玲说，"这些天，我们正在准备材料申请 300 万元创业担保贷款。"

"我们对大赛获奖项目进行跟踪服务，加大创业担保贷款支持力度，持续推动创业带动就业。"朔州市就业创业服务中心相关负责人说。

标识为红色，外观形似一间房屋，意为求职者遮风避雨之所，细看又是一个"介"字，意涵职业介绍之意……这就是山西省全省统一的零工市场标识。

该标识出自朔州市就业创业服务中心市场信息科相关负责人之手。"朔州全面落实省定民生实事'公益性零工市场县县全覆盖'工程，全市 7 家零工市场建筑总面积 2 460 平方米，超过省厅规定面积 1.7 倍，软硬件全部达标。"苑小雨说。

今年，朔州市 7 家零工市场陆续投入运营，累计发布招工信息近 4 000 条，对接 1 042 家用工单位，招工人数达 2 942 人。此外，朔州市 75 个乡镇（街道）均建立就业服务站，公共就业服务全覆盖。

山西省就业服务局相关负责人表示，山西省各级就业部门将多措并举，千方百计拓宽就业渠道，稳存量、扩增量、提质量，打好稳就业、扩就业政策组合拳，全力夯实民生之基。

"我们将打造更有温度的就业服务,为每名求职者带去温暖和关怀,更加热情和专注,更体现人社人的'精气神'。"大同市就业和人才服务中心相关负责人说。

(游翀　王佳玉　王志飞)

深入一线调研　现场办公解难题

——内蒙古人社系统全力维护好新就业形态劳动者权益

"调研1家企业，发现7个问题，协调自治区、盟市、旗县区三级共8家单位来共同解难题，足见真解难题、真办实事的态度和决心。"

让内蒙古自治区主题教育第四巡回指导组有感而发的，是内蒙古自治区人力资源社会保障厅在扎实开展学习贯彻习近平新时代中国特色社会主义思想主题教育中，于6月8日专为美团召开的调研企业发现问题现场办公协调会。会上，自治区人力资源社会保障厅、总工会、住房城乡建设厅等相关委办厅局，以及呼和浩特市相关部门，围绕美团企业代表和外卖小哥此前提出的企业用工缺口、骑手培训、评优评先、小区难进等7个方面问题，逐一研究制定解决措施。近4个小时的会议，气氛火热、成效明显。

直奔现场——"面对面"倾听"心里话"

"消除影响平等就业的不合理限制和就业歧视，使人人都有通过勤奋劳动实现自身发展的机会""加强灵活就业和新就业形态劳动者权益保障",习近平总书记在党的二十大报告中的重要讲话掷地有声、直抵人心,充分彰显了总书记对新就业形态劳动者的深情牵挂和厚重的为民情怀。

党政有要求、群众有期盼,人社部门见行动。自2022年《内蒙古自治区关于维护新就业形态劳动者劳动保障权益的实施意见》印发之后,自治区人力资源社会保障厅持续优化劳动者权益保障服务措施,完善劳动者权益保障工作机制,组织召开头部平台企业行政指导会,开展"走前头做示范"活动,会同工会等对平台企业及其合作用工企业开展专项劳动保障监察,就劳动管理制度规则、支付加班报酬等情况加大用工指导服务力度,全力保障新就业形态劳动者的合法权益。

今年主题教育中,自治区人力资源社会保障厅突出问题导向,组织开展"人社工作全领域、劳动用工全链条"劳动用工安全隐患排查,有力督促企业规范用工。同时,坚持以调研开路、以调研破题,组织党员、干部开展"手拉手结对联系基层""走基层送政策""走企业访需求"活动,主动登企业的门、登服务对象的门,注重以外观内、开门纳谏。其间,自治区人力资源社会保障厅相关负责人带队赴美团呼和浩特分公司调研,倾听公司决策层、管理者、骑手小哥不同层面的需求呼声,详细了解新就业形态劳动者权益保障工作中亟须解决的问题。

"全面落实习近平总书记对新就业形态劳动者权益保障的重要指示精神，是重大的政治任务，也是民生部门的重要责任。"该负责人在调研中指出，"这次调研，选择以外卖行业为切入点，旨在通过全方位多角度地发现问题，实实在在地解决问题，进一步推动整个行业高质量发展。"

外卖配送市场复苏，用工需求量大，流动性大，用工存在大量缺口。有些大型小区不让骑手进入，甚至不允许乘坐电梯，导致外卖不能及时送到，群众意见大，也给骑手在时间和体力上增加了负担。

外卖小哥被差别化对待，缺乏职业自信。

……

一条条企业和外卖小哥的"心里话"全部被记录下来。调研结束后，组织相关部门全面梳理收集反馈的 7 个方面问题，并协调有关部门协同推动问题解决。于是，就有了一周后的这次现场办公协调会。

"自治区人力资源社会保障厅牵头组织这么多的政府部门，用一周的时间帮助我们协调解决问题，力度之大、效率之快，这是我没有想到的，"美团公共事务中北大区经理于振河深有感触地说，"同时，把我们一个企业的问题，放大到一个行业上去看，推动整个新就业形态持续健康发展，让我们切身感受到了内蒙古优化营商环境的'力度'和'温度'，看到了内蒙古各级干部真心为企业着想、为群众办实事的好作风、好形象，更加坚定了我们扎根内蒙古发展的信心和决心。"

直击问题——"实打实"解决"心中难"

随着以外卖小哥、网约车司机、网店店主等为主要群体的新就业形态劳动者数量大幅增加，新就业形态已成为内蒙古就业，特别是灵活就业的重要方式。据不完全统计，内蒙古平台企业已近千家，涉及新就业形态劳动者 20 万人以上。作为内蒙古新就业形态的重要头部企业，美团共有活跃骑手 1.4 万人，与其他新就业形态一样，其就业形式灵活、有效拉动就业，而相关的劳动者权益保障也成为全社会广泛关注的话题。

问题代表群众的呼声，解决问题折射干部的作风，也是对主题教育成果最好的检验。

"作为服务型政府，服务企业的能力，考验着我们城市的精细化管理水平，"呼和浩特市卫生健康委相关负责人说，"外卖骑手为服务市民生活、助力城市发展，作出了很大贡献，老百姓的生活越来越离不开他们，我们也有责任、有义务帮助他们解决问题。"

呼和浩特市物业服务中心相关负责人说："针对外卖骑手遇到的小区不让进、停车充电不方便等困难，我们将马上研究，尽快拿出有针对性的解决方案，让每一位劳动者都能感受到城市的关怀和社会的温暖。"

为美团用工召开专场招聘会,与盟市就业服务中心对接招工需求,在零工市场招聘库内发布招聘信息。为美团骑手开展技能培训,提升其职业素养和从业能力。为美团骑手开展职业技能等级认定,推动建立新业态从业人员题库和考评机制。为外卖小哥开展义诊,呵护好这道城市美丽风景线。对美团骑手不能顺利进入小区配送外卖的情况,逐一协调解决。帮助企业培育选拔树立爱岗敬业、乐于奉献的"标兵""劳动模范",营造全社会关爱新就业形态劳动者的良好氛围。

……

一条条让新就业形态劳动者有尊严、有保障、有发展的硬举措被碰撞出来,并明确了具体的责任单位和完成时限,会后列入主题教育台账,逐一盯办落实。

"真的没想到,政府对我们外卖小哥这样关心重视,这么多部门帮助我们解决问题,太感谢了。"当日现场会的外卖小哥代表张金成听到技能培训时非常激动,"一旦有了劳动技能证书,会让我感觉到,社会是认可我的,国家也是认可我的,我也将通过努力奋斗实现自身价值、服务奉献社会。"

"当前,内蒙古正处于凝心聚力完成好习近平总书记交给内蒙古的'五大任务'的关键时期,需要企业和各行各业的劳动者苦干实干、拼搏奋斗,更需要社会各界给予企业和劳动者更多的理解支持和关心关怀。"自治区人力资源社会保障厅相关负责人表示,"我们就是要以本次解决问题的方式和经验,主动作为,形成合力,以时时放心不下的责任感和使命感,用心用情用力维护好新就业形态劳动者权益,答好民生考题,为保障和改善民生作出积极贡献。"

(蒙记)

笃行实干谱新篇

——辽宁以人社事业高质量发展助推全面振兴

汤汤辽河水，悠悠黑土情。

党的十八大以来，习近平总书记高度重视辽宁发展，多次到辽宁考察调研，多次主持召开专题座谈会，就东北振兴、辽宁振兴发展发表重要讲话、作出重要指示，为辽宁振兴发展把脉定向、擘画未来。

厚望如山，催人奋进。辽宁人社系统牢记习近平总书记的殷殷嘱托，始终坚持人民至上，坚定不移落实党中央决策部署，以滚石上山、爬坡过坎的拼劲，抓铁有痕、踏石留印的韧劲，持续增进民生福祉，扎实推进共同富裕，不断在新时代东北全面振兴上展现更大担当和作为。

精准发力，夯实就业"压舱石"

就业，一头连着亿万民众，一头连着发展大局。

"今年8月，公司收到2万多元稳岗返还资金，这真是政府给予的实实在在的福利，我们发展更有信心！"辽阳丛迪服装有限公司负责人王文静激动地说。

企业是就业最大的"容纳器"。企业稳,则就业稳;就业稳,则大局稳。辽宁人社系统深入实施就业优先战略,围绕辽宁全面振兴新突破三年行动重大部署,落实稳经济一揽子政策措施和接续政策,统筹经济增长与就业扩容提质,确保就业形势总体稳定向好。

坚决打好减负稳岗扩就业政策"组合拳",继续实施失业保险稳岗返还政策;全面实施"春暖辽沈·援企护航"保用工促就业助振兴行动(2.0 版),推进"助企纾困·提振信心"等 13 项子行动;密集打出招聘组合拳……送政策、送岗位,多措并举为求职者送上"定心丸"。

数据显示,今年前 10 个月,全省释放惠企减负政策红利 35.93 亿元,发放稳岗扩岗专项贷款 23.2 亿元,举办招聘会 10 704 场,人社服务专员服务 16.05 人次,开展"送政策""送岗位""送服务"17.53 万次,稳定岗位 233.5 万个。

在沈鼓集团转子车间感受"大国重器辽宁担当",在辽宁沈阳新松机器人自动化股份有限公司沉浸式观察工业机器人的智能应用,到工业博物馆领会中国工业文化底蕴……今年 7 月,得益于辽宁省人力资源社会保障厅举办的清华学子"辽宁行"活动,15 名清华学子开启了别样的辽宁之旅。

辽宁坚持把高校毕业生就业作为重中之重,启动"梦筑辽宁·才助振兴"高校毕业生等青年留辽来辽就业促进行动,发

挥辽、吉、黑、内蒙古三省一区联动促就业作用，开展"百校千企"等招才引智、"清北学子辽宁行"等活动，吸引高校毕业生来辽就业创业。

老家山西的严晨溢是沈阳市大东人力资源产业园的负责人，大学毕业后他选择在沈阳发展。"沈阳的营商环境很好，政府政策支持力度不断加大。为鼓励企业入驻，政府为符合条件的企业提供租金补贴、招商奖励以及贡献奖励等优惠政策。"严晨溢说，目前已有31家企业入驻产业园，入驻企业数量呈增长势头。

就业是民生之本，创业是就业之源。辽宁分级分档抓好创业孵化基地培育，为创业者提供"一揽子"打包服务，开展政策咨询、创业指导、投融资对接和创业典型巡讲等各类创业活动，不断提高创业促就业的质量和水平。目前，新认定省级创业孵化基地23家；今年前10个月，全省扶持创业带头人1.29万人，带动就业7.77万人。

改革创新，激发人才"能量"

国以才立、政以才治、业以才兴。人才是第一资源，是实现民族振兴、赢得国际竞争主动的战略资源。

"我们深入实施'人才强国战略'，坚持'人才引领驱动'，紧紧围绕构建新发展格局、推动高质量发展的要求，锚定新时代'六地'目标定位，聚焦4个万亿级产业基地和22个重点产业集群建设,做好专业技术人才和技能人才两支队伍建设工作,精准引育留用人才。"辽宁省人力资源社会保障厅相关负责人表示。

近年来,辽宁狠抓技能人才队伍建设,实施"技能辽宁行动",健全终身职业技能培训制度,推动优质技工院校建设,建立与世界技能大赛、全国技能大赛衔接的职业技能竞赛体系,推进社会化职业技能等级认定,开展优秀高技能人才评选奖励,大力培育辽宁工匠、大国工匠,推动技能人才队伍建设迈上新台阶。

青年人才是国家战略人才力量的源头活水。第二届全国博士后创新创业大赛落下帷幕。在此届博士后盛会上,辽宁博士后"天团"获得4枚金牌、1枚银牌、1枚铜牌和7个优胜奖,获奖项目实现大赛所有专业领域全覆盖,交出了一份亮眼的成绩单。

人才是科技创新的核心驱动力。"我们将以本次比赛为契机,进一步强化博士后等优秀高层次青年人才培养储备,加强博士后培养平台载体建设,建立企业研发需求、博士后科研成果对接机制,加大职称评聘、薪酬激励等政策支持力度,推动产学研深度融合和产业链、人才链、创新链深度融合,为打好打赢新时代东北振兴、辽宁振兴的'辽沈战役'提供有力人才支持和智力保障。"辽宁省人力资源社会保障厅相关负责人表示。

同时,深化人才评价机制改革,构建新的职称制度体系,大力组织实施民营企业职称评审"直通车"服务,推动职称评审向数字经济、新兴业态等领域拓展,深化人事人才领域"放管服"改革,健全人才创新激励和待遇保障机制,优化人才发展环境,提升人才服务水平,实现引育留用一体推进,进一步激发人才创新创业活力。

政策密集落地,人才建设硕果累累。目前,辽宁省专业技术人才和技能人才总量分别达400.4万人和542.04万人,其中高技能人才达137.96万人,人才队伍数量、质量实现同步提升,顶尖技术技能人才不断涌现。

坚守初心,办实事惠民生

民为邦本,本固邦宁。社会保障是民生所依,事关人民幸福安康。

在辽宁,线上动动手指即可完成社保关系转移接续,不用来回奔波;足不出户,失业保险金实现"免跑即领",稳岗返还"免申即享";企业职工退休"一件事一次办",不用东奔西跑……这些高效便捷的人社服务,成为辽宁人社事业的"暖心"底色。

日前,锦州市民姚远峰前往当地人社部门查询养老保险缴费明细,在和工作人员交流中得知手机上就能查询缴费明细。对此,他感到十分惊喜,"没想到现在办事这么方便!"

为进一步提升办事企业和群众获得感，辽阳人社系统大力推进人社领域高频业务"网上办"和"掌上办"。针对老年群体，增加人脸比对实名验证登录方式，并对已实名绑定的用户提供精准的业务经办、事项提醒等消息推送，变被动服务为主动服务，让参保群众实时感受暖心温度。

推动统筹城乡、覆盖全民的社会保障体系建设，全力做好企业职工基本养老保险全国统筹实施工作，实现失业保险省级统筹，提高各项社保待遇水平，着力强化社保基金风险防控……辽宁人社系统的一系列强有力政策举措增强了群众的获得感。

从推进劳动保障智慧监察系统建设，实现农民工工资支付全过程动态监管；到巩固就业失业监测和裁员预警节制机制，实施构建和谐劳动关系"三航"专项行动。从常态化开展根治欠薪"四季行动"，保障农民工合法权益；到清理整顿人力资源市场，规范招工行为……一系列务实举措让劳动者的安全感更加坚实。

民生连着民心。辽宁人社系统始终将群众冷暖放心上，大力推进人社行风建设，深入实施"优办快办行动"，设立"办不成事"反映窗口，加大"清、减、压"力度，广泛推行告知承诺制、"好差评"，全力解决企业群众急难愁盼问题，人社服务满意度持续提升。

初心不改，奋进不止。沿着习近平总书记指引的方向，辽

宁人社系统坚持以人民为中心的发展思想，踔厉奋发、笃行不怠，办实、办细、办好民生实事，让现代化建设成果更多更公平惠及全体人民。

（王东丽）

体现新担当　实现新突破　展现新作为

——吉林扎实做好人社工作为东北振兴提供有力人才支撑

吉林省是我国重要的老工业基地、商品粮基地，新中国第一辆汽车、第一列铁路客车、第一袋化肥都诞生在这里，很多"国字号"大型企业也在这里孕育和壮大。如今的吉林还是国家"一带一路"向北开放的重要窗口，同时也是重要的生态屏障和人文科教大省。

2020年7月，习近平总书记在吉林考察时强调，在服务党和国家工作全局中体现新担当，在走出一条质量更高、效益更好、结构更优、优势充分释放的发展新路上实现新突破，在加快推动新时代吉林全面振兴、全方位振兴的征程上展现新作为。今年9月7日，习近平总书记在新时代推动东北全面振兴座谈会上强调，牢牢把握东北的重要使命，奋力谱写东北全面振兴新篇章。这更是为包括吉林在内的整个东北地区的未来发展指明了方向。

一个地区的振兴离不开人才的支撑，也离不开人民的安居

乐业，而这些离都不开人社部门的努力……

智汇赋能助力老工业基地转型

"长春是中国光学的发源地，长春理工大学又是中国光学英才的摇篮。我在长春理工大学度过了本、硕、博十年的学习时光，企业一路走来，得到了国家以及省、市人才政策的大力帮助和支持，这是我们能够顺利实现从科研成果向市场产品转变的重要因素。"近日，第二届全国博士后创新创业大赛高端装备制造赛道金奖得主、吉林参赛选手常帅在接受采访时说。

这次比赛，吉林选手奋勇争先，最终收获金奖 4 个、银奖 8 个、铜奖 10 个、优胜奖 5 个。多年来，吉林省博士后科研工作站从无到有，目前已覆盖全省经济社会发展的主要领域，为吉林乃至国家培养了大量青年科技人才。吉林已成为人才集聚之地、辈出之地、向往之地。

加快吉林振兴归根结底要靠人才。吉林省委领导指出："要进一步爱惜人才、吸引人才、留住人才、用好人才，营造拴心留人的良好环境，让吉林成为天下英才的用武之地。"

吉林省人社部门围绕人才的引、育、留、用，采取了一系列措施，推进全省人才工作的开展。

2018 年年初，吉林省委、省政府制定出台了《关于激发人才活力支持人才创新创业的若干意见》，被称为"人才十八条"、吉林省的人才新政，首次对吉林人才进行分类认定，根据人才的学识水平和贡献程度,将人才分为ABCDE五个层次,并按不同层次给予相应的激励政策。2021年年初,吉林对政策进行优化升级,出台《关于激发人才活力支持人才创新创业的若干政策措施》(人才政策2.0版),最近又印发了人才政策3.0版。

人才政策密集推出,显示出吉林求贤若渴的态度和决心。"相较以往的人才政策,最新的政策突破力度更大,更加注重产业链与人才链的融合,更加注重企业各类人才培养激励,更加注重青年人才的培育发展,更加注重支持人才创新创业,更加注重人才引留并举,更加注重创新人才服务机制,我们一定要用好政策留住人才。"吉林省人力资源社会保障厅相关负责人说。

抓创新就是抓发展,谋创新就是谋未来。党的十八大以来,吉林依托"新中国工业摇篮"的厚实基础,改造升级"老字号",培育壮大"新招牌",推动老工业基地焕发新活力。

为此,吉林省加大职业技能培训力度,围绕"六新产业""四新设施"开展技能培训,今年前8个月开展各类职业技能培训10.45万人次,为老工业基地振兴发展输送了一批高素质技能人才。

长春实施百万产业蓝领人才培养工程,调动主管部门能动性,做好全市职业院校、技工院校年度毕业生留在长春的工作。积极开展职业技能等级第三方评价,对当年符合参保条件并新

取得二级以上职业技能等级的，给予一次性奖励。目前已为全市2 700余名新取得二级以上职业技能等级的高技能人才兑现人才奖励800万元以上。确保每年完成技能人才增量不少于4万人，为到2028年长春市实现百万技能大军支撑产业高质量发展提供有效助力。

汽车产业是国民经济的重要支柱产业，其发展水平直接关系到我国制造业发展的层次。为促进汽车产业与技术的发展，长春市人力资源社会保障局开始对标国内发达地区与东北四城市相关行业，针对长春市汽车制造产业的各类型企业，进行专项薪酬调查分析，以期用精准的薪酬匹配体系，形成培育人才、吸引人才、留住人才的良性循环。

"两找"创新服务促高质量就业

长春万科物业服务有限公司招聘渠道运营经理宋健说："'96885吉人在线'服务平台自上线以来，给企业招聘工作带来很多便利，我们通过平台已经成功招聘了10名人才。希望未来能借助平台获得更多人才信息，了解相关人力资源政策，彻底解决招工难问题。"

近年来，吉林省经济社会发展呈现出经济结构优化调整、产业转型加速升级的新趋势新特征，劳动力供给侧与需求侧都出现较大变化，"就业难""招工难"并存，结构性矛盾突出。为使市场的"无形之手"充分施展，政府的"有形之手"有为善为，吉林省人社部门主动担当作为，变补充和兜底保障为全方位服务，变"坐等上门"为"主动服务"，在全省实施"两找一服务"创新工程。

吉林省人力资源社会保障厅相关负责人说："'想就业找人社，缺人才找人社'，它就像硬币的两面，互为一体、相辅相成。想就业是针对求职者的，缺人才是针对用人单位的。想就业找人社，缺人才找人社，体现了人社部门在人力资源、人才资源配置中的重要作用。人社部门通过相应的机制让求职者和用人单位实现最有效的对接，使各类劳动者才尽其用、各得其所；各类单位选择到人岗相适的理想人才，促进事业发展。"

如今，为了让企业和人才能更迅速和精准地对接，吉林省开展了"万名人社干部进万企"活动。年初，面对企业恢复发展中出现的招工难、缺人才问题，吉林省发动省、市、县、乡人社部门万名人社干部，每人至少包保1户企业，进行精准帮扶。目前，通过"一对一"对接联系，已动态帮助解决用工、社保、劳动关系等方面需求6 885项，推动了惠企政策直达基层、精准滴灌。"96885吉人在线"综合服务平台则是"两找一服务"的线上延伸，持续提供人岗对接、视频面试、直播带岗服务。

与此同时，就业政策供给也在不断丰富完善，密集出台了一系列促就业稳就业政策措施，《吉林省人力资源市场条例》于

2023年8月1日开始施行，是吉林省首部人力资源领域的地方性法规。吉林省人力资源社会保障厅会同8部门联合制定实施重点群体创业推进行动工作方案，出台促进大学生就业22条措施，开展10项促就业服务攻坚行动，对企业吸纳高校毕业生给予一次性吸纳就业补贴。

"梨树模式"振兴黑土地

吉林松辽平原素有"黄金玉米带"和"大豆之乡"的美誉，肩负着当好国家粮食稳产保供"压舱石"的重任。去年，吉林省粮食总产816.16亿斤，增产8.32亿斤，创历史新高。其中，粮食产量八成以上来自黑土地。

近年来，吉林大面积推广"梨树模式"，保护性耕作面积扩大到3 283万亩，居全国前列。现任梨树县农业技术推广总站站长的王贵满就是从这片黑土地走出来的杰出人才。他扎根基层40年，围绕黑土地保护与利用、农业现代化建设，指导创建了国家百万亩绿色玉米（原料）标准化生产基地，研发并创建出玉米秸秆覆盖、全程机械化保护性耕作技术"梨树模式"，在东北地区推广面积超1亿亩，增收超百亿元。

王贵满说："一方面，要全力推进'梨树模式'等黑土地保护性耕作技术，加强高标准农田水利工程建设。另一方面，要挖掘培育乡村振兴人才，加快土地适度规模化生产经营的现代农业生产体系建设，加强农机农艺融合，使农民增产又增收。"

北夏家村致富带头人邵亮亮带领多名大学生返乡创业，带领家乡百姓创办合作社，通过托管、流转、带地入社的方式，每年规模化经营土地3 900亩左右。同时他发挥自己的专业优势，进行高效生产经营，在有限的土地上创造出更大的价值，每年用工量可达两万多人次，极大带动了北夏家村村民的就业和增收。此外，他还通过带地入社、二次分红等多种形式增加村民收入，带动北夏家村21户贫困户彻底脱贫，推动乡村经济振兴。

吉林省人力资源社会保障厅着力抓好农民工就业工作，利用吉林省千亿斤粮食、千万头肉牛等涉农重大项目，促进农民工就地就近就业，实现了以前80%在省外就业到现在80%在省内就业的根本转变。

沿边近海的延边州有自己独特的农业资源优势，目前正着力构筑中药材、食（药）用菌、畜牧养殖、民俗食品、休闲农业和乡村旅游五个百亿级产业集群；优质大米、特色水果、山珍食品、优质大豆、马铃薯种植、棚膜蔬菜六大标准化产业基地；吉林延边国家农业科技园区（核心区）、汪清黑木耳、延吉人参、敦化长白山中药材、和龙桑参、安图休闲农业与乡村旅游、珲春休闲农业与乡村旅游、图们道地中药材八个重点现代农业产业园。

延边州正扎实开展返乡入乡创业基地摸底调查，积极加强

三级基地培育库建设,结合边境县市较多的实际,全力推进返乡创业基地建设。2023 年,新创建州级返乡入乡创业基地 9 个、县(市)级返乡入乡创业基地 19 个。

人气旺则百业兴。全面振兴进入"上升期"和"快车道"的吉林,正在这片白山黑水中焕发新的生机和活力。

(李小彤　孙伟　李晓许)

龙江之畔　人社为民再出发

白山黑水，念兹在兹。

在东北振兴战略实施20周年的重要节点，2023年9月6日至8日，习近平总书记再次到黑龙江考察并发表重要讲话、作出重要指示。

黑龙江省人力资源社会保障厅第一时间学习领会习近平总书记重要讲话、重要指示精神，围绕总书记提出的"一个重要使命"，建好建强"三个基地、一个屏障、一个高地"，坚决维护国家"五大安全"，当好国家粮食安全"压舱石"，构筑我国向北开放新高地等重要指示，以新担当、新作为不断开创龙江振兴发展人社新实践。

"加快形成新质生产力"
——丰富多元的技能人才生态圈正在形成

作为东北老工业基地，黑龙江技能人才总量可观。目前，全省技能人才总量达258万人，其中高技能人才80.8万人，占技能人才总量的31.2%，高于全国平均水平。

如何让这些技能人才的中坚力量在"以科技创新引领产业

全面振兴""加快形成新质生产力"的过程中发挥好不可替代的作用？黑龙江人社部门锚定助力产业改造升级这个"总开关"，努力展现新作为。

"我们着眼于服务数字经济、生物经济、冰雪经济、创意设计、现代物流等重点产业发展，深入实施'技能龙江行动'，做优做强'政校企'技能人才培养联盟，开展'龙江大工匠''龙江技术能手'评选表彰，为推进先进制造业高质量发展、加快推动传统制造业升级、做大做强实体经济提供技能人才支撑。"黑龙江省人力资源社会保障厅职业能力建设处相关负责人表示。

哈尔滨工科孵化器有限公司专注于为国内头部数字企业提供长效数字产业生态服务端口解决方案。前不久，该公司加入了黑龙江省数字经济"政校企"技能人才培养联盟。得益于联盟提供的资源，该公司很快便引入了阿里巴巴生态圈服务商、高德地图本地生活服务商等优质企业。

"有了人社部门支持和联盟院校持续不断的技能人才供给，我有信心发挥好联盟招商引资的积极作用，为龙江引入更多更优质企业，助力龙江数字经济发展。"哈尔滨工科孵化器有限公司负责人蒋志文说。

何谓"政校企"技能人才培养联盟？据了解，该联盟是由政府部门、相关企业、技工院校三方组成的旨在精准培养技能人才、有效对接企业需求、促进技工教育良性发展的联合体。

"通过组建联盟，实现成员单位设施设备、师资生源、项目投资等方面的资源共享，拓宽技能人才培养、职业技能等级评价、人才开发使用，促进政府资源有效配置、相关政策有效供给、相关部门通力合作，推进政企之间有效对接、校企之间有效合作、企企之间畅通交流，为技能人才高质量发展注入新动能。"黑龙江省人力资源社会保障厅职业能力建设处相关负责人介绍。

自2021年黑龙江推出"政校企"技能人才联合培养模式，装备制造、现代服务、现代农业、生物医药、石墨加工、数字经济等联盟相继落地生根、枝繁叶茂，吸纳了70余家技工院校和300余家企业加入联盟，联盟院校新增和调整专业80余个，与联盟企业签订培养协议500余份，订单学员超5 000人，累计培养近6万名技能人才，80%留省就业，实现了专业设置与产业需求精准对接。

为助推新引擎产业发展，2023年4月，数字经济、生物经济、冰雪经济、创意设计产业新引擎产业联盟成立，黑龙江人社部门助推"加快形成新质生产力"初见效果。

此外，黑龙江还着眼于发挥科技创新增量器作用，建设环大学大院大所的人才生态圈，依托哈尔滨工业大学等，开展数字技术工程师职业培训，助推数字经济发展。同时，积极对接国家人才项目，柔性引进高层次人才智力和创新资源，推进科技攻关，助力黑龙江产业转型升级。

"加强人力资源开发利用"
——不拘一格降人才氛围逐渐浓厚

人才是第一资源。黑龙江省人力资源社会保障厅着力落实总书记"提高人口整体素质""加强人力资源开发利用"的重要指示,在积极塑造现代化人力资源方面展现新作为。

对于黑龙江来说,促进人力资源素质提升与人口高质量发展相协调,加强人力资源开发利用更具有现实意义,也是黑龙江人社工作的主题主线。

为此,黑龙江人社部门牢牢抓住促进高质量充分就业,推动经济社会政策与就业政策协同联动,更好提升人力资源开发利用水平这个"总抓手",充分发挥社会保障体系支撑保障作用,推动劳动者平等参与市场竞争,解除劳动者后顾之忧,更好开发和释放人力资源红利。

"就业地图""来活儿零工平台""抖音带岗直播""王科长热线"……这些哈尔滨市特色的公共就业服务品牌,已经成为求职者熟悉的就业服务平台。

如果说这些服务品牌是"特色菜",那哈尔滨市大力开展的"就业援助月""百日千万"等公共就业服务专项行动"家常菜"质量同样也不低。今年以来,共开展招聘活动656场,提供岗位28万个,促进了劳动力市场供需精准匹配。

为了稳就业,牡丹江市人力资源社会保障局在全省率先推行"稳岗贷"政策，联合中国银行牡丹江分行，为全市9家实体经济和劳动密集型小微企业发放稳岗扩岗专项贷款3 083万元，尽最大努力为企业提供"真金白银"的政策扶持，做到不因企业经营困难而出现人力资源的流失。

高质量充分就业需要社会保障的有力支撑，黑龙江省始终坚持把保发放作为重大政治责任，切实兜牢民生底线。一方面，积极落实基本养老保险全国统筹制度和基金缺口分担机制，确保573.5万名企业退休人员基本养老金按时足额发放，并平稳有序完成调整养老金待遇工作，646.1万名退休人员增发养老金全部到位；另一方面，将失业保险金标准提高到当地最低工资标准的90%，城乡居民基本养老保险基础养老金月标准由118元提高到128元，同时，扎实推进工伤保险省级统筹，为"加强人力资源开发利用"奠定坚实制度保障和物质基础。

盘活人力资源，就要激发人才科技创新活力，而薪酬制度改革是关键、是核心。黑龙江省通过试点先行、逐步推开的方式，开展高校、科研院所薪酬制度改革，试行动态调整绩效工资水平备案制，赋予用人主体充分的收入分配自主权，更好地激励保障科研人员潜心研究、多出成果。对具备条件的事业单位实行协议工资、项目工资或年薪制，打破原有事业单位结构单一、项目固化的分配体系，鼓励单位可根据自身行业特点和发展需要，采取灵活多样的分配形式，在单位绩效工资总量中单列。

此外，黑龙江还拓展职称评审范围，将技术经理人及技术经纪人纳入自然科学研究职称评审范畴，即包括技术经理人和技术经纪人在内的优秀科技成果转移转化人才，可不受学历、资历、论文等条件限制破格晋升高级职称，通过评审人员可不受所在单位岗位结构比例限制直接聘用，促进优秀人才脱颖而出。

"更好地促进兴边富民、稳边固边"
——"好风景"成就"好光景"愿景正在实现

"如今服务期将满，也许会踏上新的征程，不论我来自何方，不管我将去向何处。于我而言，'三支一扶'这段难忘的经历，都将成为我人生最宝贵的财富。"

李思琦，2020年6月毕业于佳木斯大学汉语言文学专业，同年9月加入"三支一扶"队伍，服务于佳木斯市东风区松江乡乡村振兴发展服务中心，主要从事扶贫工作，去年服务期满时，她对这段基层服务经历感慨万千。

黑龙江省边境线总长2 900多公里，有18个边境县（市、区），风光旖旎、物产丰饶。兴边富民、稳边固边对于黑龙江来说不仅仅关系到经济社会发展，而且也事关国家安全，所以向基层尤其是边境县（市、区）输送人才成为兴边富民、稳边固边的重要手段。

为此，黑龙江省人力资源社会保障厅认真落实总书记"更好地促进兴边富民、稳边固边"的重要指示，在促进人才向基层流动方面展现新作为。

"一方面，我们继续开展省、市、县三级事业单位公开招聘笔试联考，特别是为我省边境地区教育、卫生、科技等事业单位补充急需紧缺专业技术人才；另一方面，积极争取国家支持，增加'三支一扶'计划名额，推动更多高校毕业生流向边境地区，投身基层建设、投身乡村振兴。"黑龙江省人力资源社会保障厅人才流动管理处相关负责人表示。

此外，为落实总书记"构筑我国向北开放新高地"的重要指示，在深化中俄人力资源交流合作方面展现新作为，黑龙江省在促进要素流动方面大胆探索、先行先试，支持边境城市发展对俄特色人力资源服务产业园，赋予重点园区对俄人才库建设、人才培养等新功能，争创国家级人力资源服务产业园。

好风光正在兴边富边、稳边固边的好政策的落地实施中变成好光景，而龙江之畔的人社事业，也将在深入贯彻落实总书记的重要讲话和重要指示精神下，带着人社为民的初心，再出发！

（王永　林乐君）

调解仲裁促和谐　公正高效为民生

——上海推动调解仲裁工作提质增效

高质量发展是全面建设社会主义现代化国家的首要任务。作为全国改革开放先行者、创新发展排头兵，近年来，上海市围绕"就业在上海，合法权益有保障"目标，全方位、系统化推进劳动人事争议调解仲裁工作，积极努力构建和发展和谐稳定的劳动关系。近三年，上海市年均处理各类劳动人事争议案件 16 余万件，调解成功率和仲裁结案率稳步提升，全市仲裁案件实现 100% 按期结案，无超期案件发生。

夯实调解基础，把争议化解在基层萌芽

去年 8 月，长宁区天山路街道劳动人事争议调解中心接到陈某来电投诉，称辖区内某美容美发店与其解除劳动合同后，不肯支付 7 月的部分工资。

调解员一边在电话中安抚陈某，一边通过企业人事管理微信群与店长取得联系，告知其如此操作存在多处违规，店长当场答应把拖欠的部分工资发放到位，及时化解了争议。

"针对楼宇经济的特点，我们采用'三制五网'的走访机制，'三制'是信息科技行业扫楼制、餐饮服务业集中制、快递物流业走访制，'五网'工作法包括企业人事沟通网、楼宇物业联络网、建筑工作覆盖网、联合执法动态网、普法援助宣传网。"天山路街道社区事务中心副主任应平介绍，调解员利用上门维护的工作优势，打造属于辖区内企业人事自己的网络支持平台，中心先后建立了2个辖区企业人事管理微信群，700余位企业人事专员入群，占建卡企业的70%，建立了良好的服务基础。2022年12月，天山路街道劳动人事争议调解中心被评为上海市金牌劳动人事争议调解组织。

近年来，上海市大力开展调解组织实体化建设和金牌调解组织创建，推动调解服务从"有"到"优"转变，着力防范化解劳动关系风险，已建成各类调解组织300余家，其中街镇调解组织215家，形成了街镇调解组织为主，企业、行业等调解组织为辅，相关社会力量共同参与的多元化劳动争议调解组织体系。

"目前，上海市街镇调解组织、区级以上工业园区调解组织实现全覆盖，街镇调解组织场所、人员、经费等得到有力保障，半数以上区的街镇调解组织落实了社工编制。"上海市人力资源社会保障局相关负责人说。

立足"优服务"，强化源头治理，在街镇调解组织全覆盖的基础上，上海市还着力夯实制度基础，强化属地主体责任，切

实推动街镇调解组织在争议预防化解中发挥"主渠道"作用。"通过压实街镇主体责任，推动其在争议预防化解中'主渠道'作用的发挥，在近年来劳动争议案件数量高位增长的态势下，调解组织先行调解案件的占比由不到四成提升到逾六成，调解组织已成为维护全市劳动关系和谐稳定的中坚力量。"上海市人力资源社会保障局相关负责人说。

提升仲裁质效，想方设法推动案结事了

2021年8月起，位于浦东新区的张江镇劳动人事争议调解中心，陆续收到科学城某科技有限公司劳动者的调解申请。短短几日，案件数量急速增加，涉及117名劳动者，总金额近千万元。

针对这起高薪劳动者申请解除竞业限制及支付经济补偿金的群体案件，2021年11月底，浦东新区人民法院、区仲裁院、镇调解中心联动聚力，依托"维权一件事"有关程序，迅速处置该案。不到半个月时间，107名劳动者与公司达成调解协议，陆续签署协议书并置换调解书。

浦东新区市场主体数量庞大、种类繁多，为破解劳动人事争议案件解决法律流程烦琐、部门协同效率不高的难题，浦东新区人力资源社会保障局会同区人民法院及张江镇，创新建立劳动争议"调、裁、立、审、执""三庭五位"工作机制，实现劳动维权全流程"一口式"办理，为所在区域提供"一站式"

服务。

"通过'调、裁、立、审、执'的无缝衔接，区仲裁院、区法院跨前一步介入处置，从源头化解劳动纠纷，有效缩短劳动者维权时间和节约维权成本。"浦东新区劳动人事争议仲裁院相关负责人说，在做好便捷服务的同时，优化压减流程环节，提高劳动人事争议矛盾纠纷处置效率和调解成功率，提升群众的获得感和满意度。

劳动人事纠纷化解模式实现服务闭环的背后，离不开上海市推动"联动多元化"打下的基础。与监察机构联动，以监察、仲裁前端综合受理、中后端分流处置，实现化解过程中两种力量的最优配置。与就业部门联动，在办案过程中，主动对接就业部门，请就业部门为有需要的劳动者提供岗位推荐和技能提升等服务，帮助劳动者尽快重新上岗。与法院联动，制定了《关于加强劳动人事争议仲裁与诉讼衔接机制建设的实施意见》，双方定期召开联席会议，通报工作情况，研究分析当前争议调处形势等。与属地联动，在处理敏感度高、关注度高的重大争议、集体争议案件时，注重发挥地方党委政府优势，依托属地搭建平台，充分整合资源力量，联合维护稳定和谐，推动案结事了。

着力提升仲裁质效，上海市人力资源社会保障局还以推动机构标准化为抓手，制定《关于全面推进本市劳动人事争议仲裁院标准化建设的实施意见》，对仲裁机构的组织架构、场所功能布局、庭室规模标准、设施设备配置、队伍人文素养等方面作出规定、提出要求，并制定系列工作规范，极大提升了仲裁质效。

推动数字赋能，着力提升信息化水平

仅需录入基本信息、选择案情诉求，由系统自动生成请求、计算金额、形成维权申请表，同时通过数据比对、自动识别等技术手段，进一步精简申请材料，由4项精简为1项，申请时间由2至3小时缩短至30分钟，等待办理时间缩短60%以上。

2020年，浦东新区人力资源社会保障局上线"浦东劳动维权一件事"系统，率先探索劳动维权"智能办"改革，实现劳动维权在线申请，系统根据调解、执法、仲裁的受案范围和职能优势，分类处置、智能分案，极大提高了群众办事效率和案件处置效能。

同年6月，上海市首个"调裁审"三庭合一争议解决平台在浦东新区张江科学城揭牌。相较于传统庭室，张江科创庭实现了信息录入的智能化、庭审过程的同步语音识别记录及远程实时监控。同时，实现了现场教学与开庭审理的双向同步进行，成为集纠纷调解、争议仲裁、巡回开庭、公开展示、现场观摩于一体的多功能示范庭。

在探索数字化仲裁庭建设的同时，上海市还大力推动"互联网+调解仲裁"建设,全面推广线上调解,积极宣传"上海人社"App及人力资源社会保障部劳动人事争议调解服务平台的网上调解功能,倡导全市各级调解仲裁机构发挥创新性思维,探索实践在线庭审等"非接触、不见面"的矛盾处置模式。

强化裁审衔接,促进裁审适法统一。2019年7月,上海劳动人事争议裁审数据一网通正式上线。"裁审数据一网通,将人社调解仲裁业务系统的案件办理数据,和市高级人民法院审判管理系统的劳动争议案件审判数据通过服务器进行对接,完成数据闭环流通。"上海市人力资源社会保障局相关负责人说,通过共享数据比对,获取关联案件信息,分析裁审同案不同判原因,明确类案处理原则,统一案件受理和法律适用标准,提升了仲裁案件裁决质量。

如今,上海市现有系统具备了办案流程审批、信息查询、信息比对、调解仲裁管理及信息提示等功能,实现了从立案到结案的全过程系统录入,工作人员可以进行立案审批、组庭排庭、查询案件有关信息等,方便仲裁员办案的同时,为全市案件统计分析工作提供全面、完整的数据支撑。

(邢泽宇)

聚英才　建设"强富美高"新江苏

"在率先实现社会主义现代化上走在前列，奋力推进中国式现代化江苏新实践，谱写'强富美高'新江苏现代化建设新篇章。"今年7月5日至7日，习近平总书记在江苏考察时发表重要讲话，为江苏发展指明方向，也为各行各业以高质量发展推进中国式现代化领航定向。

高质量发展的江苏，思变求新；"强富美高"的新江苏，阔步前行。从建设现代化产业体系，到创造高品质幸福生活，都离不开高素质人才的支撑。近年来，江苏省高度重视人才工作，不断加强人力资源开发利用，培养造就更多知识型、技能型、创新型人才，持续完善人才引、育、留、用等方面服务举措，充分激发各类人才干事创业活力，为推进中国式现代化江苏新实践提供坚实基础。

培育高技能人才，筑牢实体经济根基

多套零部件及车间道具、61套三维模型、319名工作人员，从各方面为《流浪地球2》做好资源配置和保障……今年，徐州工程机械集团有限公司（简称徐工集团）及其科技装备火爆"出圈",让更多年轻人主动关注和了解"中国制造"。

制造业,是吸纳就业的主阵地之一,也是江苏经济的根基。加快建设制造强省、推动实体经济高质量发展,高技能人才是中坚力量。

"国之重器,以人为本,人才是第一资源。"徐工集团人力资源部相关负责人介绍,集团坚持党管人才,大力实施人才战略,深化徐工新时期"363"人才工程,以一流人才支撑企业高质量发展。目前,集团技能人才中的高技能人才占比达65%,享受国务院政府特殊津贴5人,特级技师21人,全国技术能手29人,还有2个国家级技能大师工作室。

"全省高技能人才总量达475万人,每万名劳动者中高技能人才有975人,全省技能人才占就业人员的比例达29.8%,高技能人才占技能人才比例达32.8%。"江苏省人力资源社会保障厅相关负责人表示,随着全省制造业启动实施"智改数转",对智能制造类人才的渴求更加迫切。为此,江苏加大育才力度,围绕先进制造业集群,依托龙头企业、专精特新企业等,和技师学院共建一批国家级、省级制造业技能根基工程培训基地。同时,推进技能人才培训数字化转型。

目前,国家级高技能人才培训基地——徐州工程机械技师学院(简称徐工技师学院)为社会和徐工集团培养输送了1.4万名高素质、高水平的复合型技能人才,98%的人在徐工集团和当地企业就业。

"我们实施独具特色的'校企一体、双元模式'的高技能人才培养模式，持续夯实契合企业发展需求的专业内涵建设根基，不断推进国际化高技能人才培养。"徐工技师学院相关负责人介绍，去年9月，徐工集团与徐州市总工会、徐工技师学院联手打造徐州工匠学院。除了做强学制教育，徐工技师学院还优化职业培训，赋能工程机械全球全产业链技能人才。

走进苏州富纳艾尔科技有限公司，工业控制实训室、工业视觉实训室、新能源测试实验室映入眼帘。

"作为专门从事智能制造技术服务、高技能人才培养和智能装备开发的企业，我们覆盖全国智能制造行业180多家头部企业，同时与全国390多所技工院校、职业院校合作，把产业课程、实训装备、技能标准嵌入院校。"公司联合创始人单强表示，在"智改数转"背景下，通过政校行企四方合作，打通技工教育和产业需求的"最后一公里"。五年来，公司已累计向产业输送数字化技能人才5.6万余人。

重用高层次人才，赋能现代化产业体系

"科技研发和创新品质是我们的核心战略，这都离不开高科技人才、创新型人才，建立一支高端研发人才组成的专业团队，是公司宝贵的资源。"基蛋生物科技股份有限公司相关负责人坦言，近年来，医疗器械行业发展迅猛，2022年公司营业收入达18.22亿元，同期增长接近30%。

产业科技创新取得新突破，是经济高质量发展的重要动力，而人才是创新的第一资源。江苏深入贯彻党的二十大报告中关于"强化现代化建设人才支撑"要求，引进汇聚天下英才，推动高层次人才向企业流动、向高能级科创平台流动。

"携手海外英才创响江苏未来"，今年 8—12 月，江苏省人力资源社会保障厅组织举办"百名海外博士江苏行"活动。据介绍，此次引才坚持需求导向，立足服务 10 个国家级先进制造业产业集群、16 个省重点产业集群重点企业和新型研发机构，以及省重大科创载体平台，发挥全省人才大数据库和头部互联网人力资源服务机构作用，推进海外人才和用人单位精准对接。

"目前实验室整体人员规模已达 1 100 余人。其中两院院士和主要发达国家院士 8 人，国家和部省级高端人才 60 余人，人才队伍里高级职称 230 余人，博士学位人才 330 余人。"重大科技创新平台紫金山实验室根据国家重大科研任务需求科学统筹科研人才、科技资源，集聚了一批信息通信领域的优势力量。

聚才的背后，离不开江苏的多项政策，尤其是授权包括紫金山实验室在内的重点人才单位"自主引才、自主设岗、自主聘任、自主评价、自主定薪"。利用"人才特区"的有利政策，实验室把国家重大科研任务需要的科研人才聚集到位、储备到位、保障到位。同时，加强机制创新，形成有利于科技人才潜心研究和创新的价值导向，激发人才活力。

在中国工业互联网研究院江苏分院，工业互联网大数据领域的人才培养正迈入新阶段。该院人才中心相关负责人介绍，一方面，该院为工业互联网领域人才培养提供前沿技术丛书、在线课程、研修班等科教资源，与高职院校联合建设工业互联网实训基地。另一方面，参与编制了工业互联网工程技术人员国家职业技术技能标准，率先在江苏试点数字经济（工业互联网）工程专业技术职称评审工作。

"在该领域工作几年，今年我申报了工业互联网工程专业中级职称，能获得职称评审认定，这是很大的认可和激励。"中国工业互联网研究院江苏分院员工王琢璞说，接下来他打算深耕该领域，开展行业研究和咨询工作，推动工业互联网在更广范围、更深程度、更高水平上融合创新。

提供高质量服务，激发创新创造活力

"生产高端全地面起重机，核心零部件都是自己制造，对技能的要求越来越高，团队进行创新实践的机会更多了。"2022年"大国工匠年度人物"、徐工集团重型数控车工孟维感慨，从业21年，从企业"五期"全过程培养路径、到产业工人"新八级工"专业发展通道评聘，再到依托技能大师工作室"传帮带"孵化更多工匠，他深切感受到技能人才的地位日益提升、舞台更加广阔。

引才、育才、留才、用才，归根到底，都与待遇、环境、

成长空间等密不可分。近年来,江苏人社积极发挥职能作用,为各类人才干事创业搭建多元化平台,提供高质量服务,激发人才创新创造活力。

为拓展技能人才成长通道,江苏积极构建多层次、多元化的技能人才成长路径,推动技能人才引进"多"起来。

"我们打通技能人才上升通道,落实'新八级工'职业技能等级制度,在前期试点基础上全面实施特级技师评聘工作。贯通专业技术人才与高技能人才成长通道,适应技术技能人才融合发展趋势。此外,建立国际化技能人才发展绿色通道,积极引进推广双元制、学徒制等国际职业教育先进模式和优质资源,扩大国(境)外职业技能比照认定范围。"江苏省人力资源社会保障厅相关负责人介绍,上半年全省特级技师新增41名,目前已累计发动70家头部企业评出全省特级技师128名,今年以来已有2 935名专业技术人才获取相应职业技能等级证书。

为吸引、培养、使用青年拔尖人才,江苏还建立了具有特色的博士后制度体系、工作体系和服务体系。目前,全省累计建设各类博士后载体1 550个,累计招收博士后近3.4万人,在站博士后1.3万人。2022年,聚焦重点领域、重大平台,江苏在全国创新实施省卓越博士后计划,每年遴选900名卓越博士后进行专项资助培养,给予两年30万元的资助,2022年、2023年累计资助培养1 797人。

"获得卓越博士后计划资助,对我们博士后人员在重大科研

攻关和核心技术突破上勇挑大梁、敢当主角,起到了'催化剂'和'助推器'的作用。"来自清陶(昆山)能源发展股份有限公司的王明坛博士后兴奋地说,成功入选卓越博士后计划,获得两年30万元的生活补助,出站后还可纳入省"333工程"第三层次培养对象,一系列的"大礼包",让他更加安心从事项目研发、有信心多出代表性的研究成果。

今年3月,江苏省人力资源社会保障厅还牵头建设江苏省高层次人才"一站式"服务专区,既有服务窗口区,也有人才驿站,集中为高层次人才提供一站式服务。目前,综合窗口共计办理435件人才服务事项。人才驿站则为人才提供交流空间,网上自助、交流座谈、阅读休闲等服务都可实现。

"生活待遇上有保障,更重要的是依托企业、政府和相关院校提供的平台,年轻人可以发挥特长,参与重大项目创新、产品研发工作,为制造业的智能化、数字化转型贡献力量。"毕业于北京科技大学车辆工程专业的博士杨超说,目前他正从事工程机械无人操控产品研发,希望在助力公司智能制造方面发挥更大作用。

(杨勤)

"社银通"延伸人社公共服务"最后一公里"

——浙江扎实推进人社基本公共服务均等化

不出村、不出岛，就能在银行窗口办理社保业务；不排队、免等待，就能在银行自助机上办理社保业务……随着浙江"社银通"国家基本公共服务标准化的纵深推进，越来越多优质人社公共服务资源跨越城乡、进村入户，不断满足人民群众对美好生活的新期待。

公共服务关乎民生，连接民心。党的二十大报告提出，健全基本公共服务体系，提高公共服务水平，增强均衡性和可及性，扎实推进共同富裕。

标准化是提供高质量公共服务产品的基础。2022年，浙江承接了人力资源社会保障部基本公共服务标准化试点项目——"社银通"专项试点。试点工作开展以来，浙江大力推动社银一体化网点建设，强化线上线下深度融合，延伸人社公共服务"最后一公里"，以标准化促进人社领域基本公共服务均等化、普惠化、便捷化，推动人社事业高质量发展和人民群众满意度

不断提升。

"一盘棋"统筹推进

位于温州市平阳县西部山区的山门镇，依山傍水，距离县政务服务中心 40 余公里，对当地群众来说，镇上的"社银通"网点成为他们办理社保业务的重要阵地。

"只需要带一张身份证，填一张表，一对一专人服务，不到 5 分钟就办完了，很方便！"在平阳农商银行山门支行"社银通"经办点，刚办理完灵活就业参保的白旗昌连连称赞。

"目前，网点设立一个社银服务专窗，共有 3 名社保业务经办员，可办理近 60 项业务。同时，近 40 项业务可以在人社自助机上办理，通过就近办、引导办、自助办，为群众带来更好的办事体验。"该网点负责人陈晶晶说，2022 年试点以来，网点累计办理业务 6 000 余笔，大大满足了附近村民的办事需求。

这是浙江推进"社银通"标准化试点工作的生动缩影。

一年来，浙江通过强化机制建设、推动网点扩面提质、优化服务质量等举措，推进社银合作落深落细，充分激发社银合作"1+1>2"的聚合效应，为办事群众带来实惠便利。

——完善标准体系，业务经办规范统一。新制定企业（内部）标准 32 项，其中合作银行网点管理服务标准 10 项，"社银通"业务经办标准 22 项，确保标准体系规范、完整、协调、有效，又突出浙江特色。

——网点扩面提质,服务水平不断提升。推动网点进山区、入海岛,网点分布更加合理,基本建成"人社15分钟服务圈",最大化实现群众在家门口能办事、办成事。确定64项"社银通"标准经办事项,统一经办标准,提升服务能力。

——培训提升能力,打造素质过硬的队伍。浙江在紧抓社银合作"硬件"建设的同时,加大培训力度,不断提高"社银通"经办人员软实力。2022年全省开展"社银通"培训104场,累计培训4 069人。

全省各试点地区共建成"社银通"网点695个,2022年共办理人社业务52.88万件……一个个亮眼的数字,映照出浙江以标准化为引领,努力打造群众满意人社服务的奋斗身姿。

一年来,"社银通"标准化建设起步开局、落地有声,赢得群众纷纷点赞。"取个钱顺便就能办社保,比到人社政务服务大厅少走10公里,少花20多分钟。""以前家里人办退休,要带着一堆材料跑到城里,现在有了'社银通',在家门口就能办退休,真是方便了我们老年人!"

试点探索多姿多彩

浙江鼓励各试点地区自主创新、先行先试,为全省推广提供探索性成果。一年多来,一批社银合作特色亮点落地开花,形成了多个可复制、可推广的浙江经验。

"把身份证放到自助机上,手指点一点,两三分钟,新的市

民卡就办好了,真是太方便了。"在义乌农商银行稠江支行人社业务自助服务区,办事群众陈连英笑着说。

义乌农商银行零售金融部副经理熊梦笔介绍说,全行各网点设置服务专窗,通过缴费协议签订、现金缴纳等多渠道助力社保费征缴以及养老金代发工作。

为不断提升群众办事效率,义乌市以本地农商银行、稠州银行为合作对象,推动服务窗口从"政府端"转向"银行端",实现"人员+体系"双融合。结合本地大众创业特色,大力深化就业创业"一件事一次办"集成改革,将个人灵活就业、个人创业、失业、社保参保等"一件事"联办向社银合作银行网点延伸,减环节、减材料、缩时间,实现就近办、马上办,全面提升企业群众办事便利度和满意度。

"多亏了政府的实惠政策和贴心的服务,圆了我的创业梦。"前不久,高校毕业生张琳在义乌市稠州银行咨询对公开户时了解到创业免息贷款政策,在工作人员的帮助下,她开通了对公账户,并绑定线上店铺,顺利拿到 30 万元贷款。

聚焦海外经商办事需求,义乌市建设海外政务服务驿站,与 55 个国际贸易服务机构开展合作,支持办理社保等 443 个政务服务事项跨海通办,实现"一网通办"联通"海外万里"。目前,在义乌参加社会保险的外国人达 6 000 余人。

"您好,请问我的社保参保可以办理了吗?"

"可以办理,请您带上身份证和社保卡……"

在安吉农商银行余村支行，95后"人社管家"洪诚键正用微信耐心地回复群众咨询。"现在，很多群众可以和'管家'进行线上交流，在'管家'远程指导下还能线上办理业务，实现了少跑腿甚至不跑腿。"他说道。

为提升"社银通"网点服务质量，安吉县开创了"专人驻点银行办社保"模式，利用基层公共服务岗位，招录30名大学生组成专职社银人员，充实基层人社经办力量；创新社银合作"管家式"工作法，让群众拥有社保经办"私人管家"，可享受足不出户扫码办社保服务。

"今年来，县社保中心大厅日均叫号量从巅峰期的800多号降至150号左右，有效缓解了经办窗口压力，提升了群众办事体验。"安吉县人力资源社会保障局相关负责人说。

快马加鞭向纵深而行，繁花点点渐成满园春色。温州市龙湾区探索银行网点和政务大厅、社区、医院等基层服务平台深度融合；平阳县探索制定合作网点自助终端对接和服务、安全运维标准，融入长三角政务服务自助一体化标准体系……改革创新的活力源泉在浙江大地不断涌现。

特色服务温暖民心

民生无小事，枝叶总关情。聚焦老年人、残疾人等群体急难愁盼问题，浙江坚持标准化和个性化融合发展，积极打造特色网点，让困难群众都能享受均等可及优质的人社公共服务。

"听说有新的社保卡了，我的要不要换？""社保缴费咋查啊？"在平阳县顺溪镇吴垟社区，一群老年人正围着平阳农商银行山门支行社保经办人员咨询各种问题。这是山门支行每月固定的"上山活动"。

吴垟社区地处高山，常住人口约 600 人，老年人居多，下山不方便。为此，山门支行与该社区约定每月 10 日到山上为村民服务。

"网点以革命老区红色党建为特点，依托'党员示范岗''红色信贷员'组建'红小二'服务小分队，利用移动服务车、移动展业终端等进村上门零距离开展社保、金融宣传和业务办理。"陈晶晶说，银行大厅还设有红色便民服务专区，无障碍设施、雨伞以及医药应急箱等服务设施一应俱全，为办事群众提供温暖贴心的服务。

在浙江，特色网点、特色服务正在不断涌现。台州市椒江区创新设立大陈岛"社银通垦荒红色驿站"，不仅为当地居民办社保，还能为省内游客提供 24 小时人社业务查询和网上办理服务。温州市打造"社保银医"主题驿站，探索"一站式"工伤处理服务，在院即可申报，同步诊疗数据，实现社银服务"医院一站式"。杭州市临平区、宁波市江北区面向老弱病残等特殊群体推行"预约办""上门办"服务；义乌市以办事群众视角创新推出午间值班、上门帮办等便民举措……一个个特色服务、一个个暖心之举都是浙江人社部门为民服务办实事的生动注脚。

"我的市民卡没有激活,没法领取补贴,多亏了他们上门帮我解决了这个烦恼!"家住温州市龙湾区的林秀芝行动不便,无法线下激活保障卡。龙湾农商银行海滨支行了解情况后,立即安排人员上门服务,这一举动得到老人一家人的认可和赞扬。

群众满意不满意是检验工作成效的试金石。为提升试点工作质量,浙江建立试点监督评估机制,开发"社银合作"数字化驾驶舱,"一屏掌握"全省银行合作网点基本信息、人员配置、经办事项、办件规模等情况,强化试点动态管控和目标跟踪,构建试点工作闭环。

保障和改善民生没有终点,只有接续奋斗的新起点。"接下来,我们将进一步加大工作力度,努力打造银行办理人社业务的浙江样板,以标准化引领我省人社基本公共服务水平持续提升。"浙江省人力资源社会保障厅相关负责人表示。

(王东丽)

发挥统计数据作用　提供精准人社服务

——安徽扎实推进人社统计工作

党的二十大以来，安徽省人力资源社会保障厅不断完善统计工作机制，依法依规加强监测调查，围绕中心任务开展数据统计分析，不断探索完善数据统计监督核查。

"人社统计任务共有11项，基本覆盖人社工作全领域，统计成为服务科学决策、支撑事业发展的重要基础。"安徽省人力资源社会保障厅相关负责人说，人社部门重点统计指标是经济社会发展的"晴雨表""风向标"和"指南针"，是研判经济社会发展形势的重要参考。

依法统计立本，队伍建设先行

"这真是一堂生动的统计法律法规及警示教育课。"2023年1月4日，在安徽省人力资源社会保障统计业务视频培训班结束后，黄山市人力资源社会保障局综合规划科相关负责人感慨道，"培训课程中对全面落实依法统计的论述、强化统计政策法规学习的要求等内容，实实在在地提高了我们依法统计的意识和能力。"

4月中旬,该负责人又牵头组织了黄山市人社系统依法统计专题讲座,"授课老师结合大量真实案例,对在统计工作中出现的违法违纪行为及需要承担的法纪责任进行了全面解读,起到了很好的教育警示作用。"

全省各级人社部门持续举办统计业务培训班,是安徽省全面提升统计业务素质的先行之举。各市人力资源社会保障局也十分重视统计政策文件的学习,6月,铜陵市举办了全市人社干部能力提升培训班,将统计法律法规及人社统计制度解读纳入培训范围,培训对象从市级到县、乡乃至社区。"培训主要任务是学习贯彻党中央关于加强统计工作的重要部署,重点解读统计法律法规和政策文件,详细分析人社统计工作制度。"安徽省人力资源社会保障厅规划财务处相关负责人介绍,安徽省建立了人社部门党组或理论学习中心组常态化学习统计政策文件制度,营造良好统计工作氛围,狠抓队伍素质提高,"2022年以来,省人力资源社会保障厅共培训430人,基本覆盖所有职能部门。"

源头数据真实,制度保证质量

2022年11月中旬,安徽省阜阳市颍州区清河街道办事处工作人员在录入该区人力资源社会保障基本情况统计调查数据时,发现辖区八里社区一户居民显示为失业状态,便立刻联系

负责该社区的调查员入户核实。"在统计调查过程中，我们会对重点群体有关信息或问卷回答存疑的进行回访核实，确保数据准确、情况真实。"该工作人员说。

人社统计数据反映经济社会客观形势，是研判问题、预测未来走向的重要参考，准确无误是生命。如何保证做到数据源头真实、数据质量高，安徽省人社部门始终在实际工作中不断进行探索。

"我们建立了由综合统计部门牵头、业务单位负责的人社统计调查项目立项机制，力争做到在批准的统计调查制度外无项目。统计为人社事业发展提供数据支撑，支持企业薪酬调查、就业失业动态监测等全省性统计调查项目向统计部门报批立项。"安徽省人力资源社会保障厅规划财务处相关负责人介绍，安徽省还将社保等统计报表嵌入全省性业务系统，实现统计数据在线自动生成、一键实时提取；适时采取跨业务跨部门数据比对、第三方核查、数据评估、基层走流程核查等方式，确保统计数据的源头真实性，"在人力资源社会保障部统一开发的统计单机版软件基础上，我们还探索开发了网络版系统，以便实时获取和共享统计数据，确保统计更加高效迅捷。"

统计监测是服务发展的重要基础性工作。安徽省人社部门采集近 200 项指标编制宏观监测月报，按季通报各地计划完成情况，发布年度统计公报，对事业发展重点指标实施闭环监测，形成较为完善的月监测、季通报、年公报制度。

为保证统计数据质量，安徽人社部门制定了统计工作管理办法、防范和惩治统计弄虚作假的规定以及加强安徽人社统计监督工作制度。安徽省探索在部分地市开展人力资源社会保障统计核查，以此发现统计工作中的问题或数据偏差，及时纠正或调整。

"统计工作机制的建立，有效保障了统计的信息、咨询、监督三大职能在人社领域的充分发挥。"安徽省人力资源社会保障厅规划财务处相关负责人如是说。

重视分析评价，服务更优发展

"加大对参加企业职工基本养老保险的生活困难灵活就业人员的政策支持和政策研究工作，研究出台帮扶政策，帮助生活困难人员延长缴费年限，提高退休人员基本养老金水平……"这是2022年安徽省人力资源社会保障厅相关处室撰写的《安徽省灵活就业人员参加养老保险有关情况分析》中的部分建议。根据建议，安徽省人力资源社会保障厅正联合多部门综合施策，全力帮助参加企业职工基本养老保险缴费困难人员持续缴费，保障其退休后的待遇。

安徽人社部门还根据人力资源社会保障部每年布置的统计分析课题，结合地方工作实际，制定全省统计研究课题计划、评选和汇编优秀研究成果，供决策参考。为了更充分地用统计分析数据服务科学决策和管理，全省还开展了企业薪酬调查、

就业失业动态监测、社区直报、社会保险等专项统计调查分析，帮助研判全省经济社会发展形势，为政策优化调整、决策科学完善等提供参考。

安徽省人力资源社会保障厅规划财务处相关负责人告诉记者："人社部门将进一步发挥好统计评价的'指挥棒'作用，积极争取将就业创业、高层次高技能人才培养、城镇居民增收、社保体系建设、和谐劳动关系创建、农民工工资清欠、居民服务'一卡通'等重点指标纳入省对市考核体系，引导各地重视、支持、推动人社重点工作开展，让人社工作在服务新征程、造福全社会上发挥更大作用。"

（赵为　王时君）

打造"淘宝式"线上零工平台

——福建大力促进城乡居民"家门口"就业增收

近年来,随着地区、城乡间差距缩小和产业转型升级,城乡居民择业观发生转变,"家门口"就近就地就业成为趋势,但低技能劳动者求职难现象突出。为进一步稳定农民工群体就业,促进低技能劳动者就业增收,福建省积极打造"淘宝式"线上零工平台,构建"家门口"零工就业服务体系,搭建用工主体与零工求职者的对接桥梁。

线上平台"一网通办",搭建信息归集机制

2023年9月中旬的一天,家住三明市宁化县的黄燕珠来到县"零工市场"。在工作人员指引下,黄燕珠打开"数智零工"微信小程序,注册了账号并选择"保洁/家政、小工/杂工、营业员/店员"的求职意向。没过两天,她就在这个小程序上成功接下首单兼职——替一位要办画展的教师折纸盒道具。这份兼职她一共干了5天,挣了400元。"这个微信小程序真方便,找兼职再也不用站马路了!"黄燕珠感慨道。

在福建，还有很多人像黄燕珠一样通过线上零工平台找到工作。

为解决零工市场信息不对称的问题，福建省打造线上零工平台，建立"政府主导、市场运营、公益服务"的工作机制，由政府筹集投入专项资金，搭建研发了三明"数智零工"、南平"零工集市"、泉州"1小时灵活就业"、漳州"零工劳务服务"等线上零工信息平台12个，选取优质国有人力资源服务机构参与日常运营，为用工双方提供24小时不间断的免费零工服务，实现包括需求发布、岗位匹配、保险参保、交易结算等线上多种功能服务，为零工对接奠定数字化基础。

为广泛收集岗位需求，福建省各地通过平台发布、线下登记、走访企业、社区扫楼等途径，广泛收集企业、商户等用工主体对非全日制用工，季节性、临时性用工的需求信息，并及时通过线上更新发布。据悉，全省累计收集发布零工岗位18.55万个，求职信息7.56万条。

同时，福建省推出社保卡个人信息实名线上核验功能，零工求职人员在线上系统完成身份注册登记后，可在线上发布岗位、工种、薪酬、个人简介等求职信息。对有技术要求或需持证上岗的零工岗位，设置相关资格证件照片上传要求，保证服务质量水平。

供需岗位"一键匹配",提供便捷交易功能

"在平台上找工作,雇主得先将双方谈好的钱打到平台上,这样让我们感觉更踏实,不用担心干完活后拿不到钱。"在三明市将乐县"零工市场"的服务大厅内,廖华光指着手机上的信息高兴地说,他刚结完单,马上又有一个送水泥的信息发过来。

为了让零工人员用得放心、干得踏实,福建省各地结合当地产业及生活服务零工需求,线上提供"淘宝式"的供需岗位自动匹配、线上支付、双向评价等功能,实现用工双方的高效对接,累计达成零工交易5万余单。

福建省依托区块链、大数据分析技术,根据零工求职人员和岗位信息标签画像,自动比对推送符合岗位要求的零工,满足"一键匹配、即时快招"需要。此外,还开发了可视化"零工市场电子地图"和"零工岗位电子地图",根据求职者当前定位推荐"家门口"工作机会。创新引入第三方线上支付结算功能,雇主按双方约定金额将报酬转入线上支付平台,零工完成工作并经雇主确认后,再由平台将报酬转入零工个人账户,最大限度保障双方权益,减少薪资纠纷。

福建省建立用工信用互评积分体系,交易结束后双方可进行信用互评,根据评价积分认定诚信企业及优秀零工。平台将对诚信企业实行"免审快办",简化用工流程;对优秀零工进行

挂牌展示推荐，对评价较低的零工限制接单；及时介入差评用工交易，实现纠纷早介入、早处置、早解决。

创新险种"一站办理"，维护合法劳动权益

针对零工人员保障难、维权难等问题，福建省谋划推出零工特色险种，开展用工数据链条全程监管，维护零工人员合法权益，有效减少争议纠纷。

三明市引入"零工人员意外伤害新险种"，根据用工时长智慧匹配，按任务自选付费，引导雇主为零工人员按行业风险等级在线购买每单保费4~12元意外伤害险；将1~6类低、中、高风险职业均纳入保障范围，按零工年龄给予最高100万元理赔金，为受到人身伤害的零工人员提供最大保障。

南平市联合人社、财政部门和中国人寿创新推出国内首份零工专属意外伤害保险——"零工保"，采用项目制定额参保方式，向到平台求职的零工免费赠送，涵盖配送员、木匠、电工等中高风险职业；参保年龄由原来的60岁突破至70岁，总保额达5亿元，单人赔付最高金额10万元，全市线上平台赠送"零工保"5 000余笔。

此外，漳州市专门组建由零工市场服务人员、法律顾问、劳动监察大队组成的服务团队，线上线下为零工提供法律咨询、法律文书代写、协商调解、劳动仲裁和诉讼代理等"一站式"劳务纠纷综合维权服务。

就业服务"一体联动",满足零工多样需求

"零工市场是人力资源市场的重要组成部分。福建省在零工对接服务的基础上,拓展服务的广度和深度,进一步提供就业失业登记、招聘会组织、职业培训、政策咨询等服务。"福建省人力资源社会保障厅相关负责人说。

福建省不断加强线上服务功能的研发提升,持续面向用工主体和求职者更新推出了直播带岗、电子合同、快工商城、AI关怀等"一体化"创新服务;还根据当地产业特色,在平台上分类建立采茶工、烤烟工、建筑工、家政人员等专业人员信息库,满足雇主专业化、多样化的用工需要。如武夷山市建立的"茶叶技术零工库"有1 200余人、光泽县建立的"建筑工匠零工库"有900余人。

福建省搭建"县区—乡镇(街道)—村(居)"三级零工服务体系,依托乡镇(街道)公共就业服务机构和社区(小区)等,建设"家门口"零工就业服务站,选聘乡村零工专员队伍,推动服务向基层一线延伸,定期在乡村、社区、商圈等地组织"家门口"零工专场招聘会、零工市场高校毕业生专场招聘会等活动,将线下服务作为线上平台的有力补充。截至今年10月,全省建成零工市场62家,覆盖省内51个县(市、区)及开发区。

同时,福建省强化就业创业培训,为零工人员提供紧缺技

能、新职业技能的精准就业创业指导，定期组织有培训意愿的零工参加家政人员、茶艺师、混凝土工、电焊工等各类工种的从业培训班，有效提升零工整体服务能力与收入水平。如南平市建阳区为育婴员、陪诊护理员、采茶工等各类零工组织培训，帮助2 546人每月增收910.65万元。

福建省人力资源社会保障厅相关负责人表示，下一步，将以"完善机制、拓展服务、权益保障"为重点，加快建设全省统一的零工平台，拓展"数字零工""远程零工"功能，优化线上线下就业服务，满足各类市场主体非全日制用工、临时性用工需求，为各类重点群体灵活就业、充分就业提供权威平台和维权保障。

（余列江）

稳住基本盘　赣出新"位"来

——江西多措并举促进高质量充分就业

炎炎夏日，赣鄱大地处处绿意盎然，生机勃发。无论是工业园区的生产一线，还是商业街区的特色集市，都能感受到劳动者干事创业的火热激情。

民生之本，立业为兴。党的二十大报告提出，强化就业优先政策，健全就业促进机制，促进高质量充分就业。近年来，江西省立足省情，坚持"稳中求进"，以创新理念推进全省就业创业工作体系化建设、数字化转型、项目化推进、品牌化打造，推动就业工作高质量发展，牢牢稳住民生基本盘。

2023年1—5月，江西省就业创业工作交出了稳扎稳打的成绩单。全省城镇新增就业21.79万人，超过既定节点目标任务；就业困难人员实现就业2.25万余人，同比增长41.36%；1—4月，新增发放创业担保贷款107.74亿元，同比增长65.75%。

搭建多元就业平台,开启"集团作战"模式

人力资源市场不断壮大,提供全链条专业化人力资源服务;零工市场多点分布,企业招工、劳动者就业既快捷又灵活;创业孵化基地突破传统,在空间布局、创业形式、商业模式等方面注入新元素;充分就业社区精准服务,就业服务质量和就业援助功能持续提升……踏上江西这片红土地,多元化就业平台让人眼前一亮。

"创新理念、系统谋划推进就业平台建设,这是新时代新征程上促进高质量充分就业、夯实民生之基,服务全省经济社会高质量发展的重要举措。"江西省人力资源社会保障厅相关负责人介绍,全厅从资金上支持各地建设一批具有辐射带动作用、承载力强的就业创业项目,推进就业项目体系化建设,同时打造公共就业服务综合体,全面释放资源优势。

在南昌市红谷滩区,4.37万平方米的江西国际人才港即将投入运营,人才数字化公共服务区、人才智能化求职招聘区、数字人才实训区、人社数字化档案加工中心、人才数字化测评培训室、省级数字化人力资源产业园等分布其中。

"作为省级龙头公共就业服务综合体,人才港采取省、市、区共建模式,通过人才服务政策集成、要素集聚、集团作战,打造上下贯通、左右联通的省级'一站式'数字化综合集成平台,实现人才全周期、全方位、全链条服务。"江西人力集团相

关负责人介绍，依托平台优势，2022年集团的引才公共服务吸引全省900余家单位参与，提供高层次人才岗位4 219个，急需紧缺人才岗位10 519个，724名海内外高层次人才达成引进意向。承办公共就业招聘活动49场，提供73 683个就业岗位，直播带岗共吸引458.36万名网友在线观看。

高标准建好人力资源公共服务"四大平台"，萍乡市人力资源社会保障局建设湘赣边人力资源市场、市技能人才公共实训基地、市创业孵化示范基地以及萍乡技师学院，以平台服务能力的大提升，推动实现就业创业的高质量。

受益于良好的营商环境和公共服务，2022年，萍乡市成功引进数字经济企业——萍乡金慧融智科技有限公司，成为吸纳年轻人就业的重要载体，这也是该市最大的实习实训基地及校企合作、产教融合的平台。

"这里工作环境好、平台广，刚毕业每月就能拿到4 000多元，长期干下去还有较大的晋升空间，我很满意。"入职萍乡金慧融智科技有限公司后，高校毕业生王晨十分高兴。据公司负责人马乐庆介绍，公司的优厚待遇深受年轻人青睐，目前在岗员工有近2 000人，其中高校毕业生占75%以上。

数字链接线上线下，促进人岗"双向奔赴"

"很惊喜，今年春节回到老家不仅找到了专业对口的工作，求职效率还特别高！"江西软件职业技术大学毕业生李俊玉感叹。2月16日他在浮梁县人力资源市场求职登记，经市场匹配介绍后，17日就与江西善堂网络科技有限公司取得联系并入职软件开发岗位。

在江西，这样人岗"双向奔赴"的案例有很多。究其原因，线上线下相结合、硬件软件相补充的求职招聘用工保障体系发挥着关键作用。

"我们构建全省人力资源地图、全省人力资源数据池、大数据分析平台和智能服务平台，并首次建成'农民工地图'。"江西省人力资源社会保障厅相关负责人表示，纵向上，形成省、市、县就业部门数字化协同新格局；横向上，通过共享相关政府部门数据，建立了数字化合作新机制。

"线上运营'创业浮梁'小程序、微信公众号和抖音号等平台发布招聘信息；线下以'春风行动''民营企业招聘月''招工小分队'等主题形式举行招聘会，送岗进园区、进社区、进乡。通过信息化数据推行政策找人，组织零工人员与企业'一对一'洽谈……"浮梁县就业创业服务中心相关负责人介绍，2023年以来，县人力资源市场开展招聘会20场，达成就业意向1 225人，零工市场也实现"24小时+365天不打烊"。

瓷都景德镇则充分依托产业优势，在春节前后、毕业季等关键节点组织陶瓷行业举办"线上网络招聘会＋直播招聘＋线下现场招聘会"。今年4月26日举办的陶瓷业专场招聘会，吸引116家用人单位提供1 600余个岗位，获得企业和求职者好评。

在上饶市，线上数字赋能＋线下专业运营也搭建了用工与就业"云桥梁"，打通供需衔接"最后一公里"。

点开上饶市就业大数据地图，人才简历库、供需关系分析、职位热度薪资排行榜、高校毕业生情况统计、用工和招聘情况统计等一目了然。工作人员告诉记者，有了平台和数据支持，劳动者和企业可以通过网站、微信小程序等精准匹配招聘信息，人社部门能根据数据变动及时分析、研判，提供有效的就业引导和帮扶。

"公司用工需求大，人社部门支持力度特别大，今年净增员工 200 多人，返乡人员多了，年轻人也多了。"江西欧美意鞋业有限公司人力资源部经理冯兴桂介绍。

21 岁的李丽霞是欧美意鞋业一车间年纪最小的女工，此前在奶茶店做零工。今年年初在就业小程序上看了招聘信息后，她决定进厂上班。"这边宿舍、食堂都有，月收入约 5 000 元。做鞋子是技术活，要多学技能，以后挣更高的工资。"李丽霞说。

优化服务便捷融资，为就业创业保驾护航

当夜幕降临，景德镇陶溪川文创街区迎来高人气，邑空间创业孵化基地里尤其热闹，各类瓷器小玩意吸引游客光顾。

"邑空间构建了'生产配套服务＋销售渠道支持＋创业资金

扶植＋知识产权保护＋综合服务平台'为一体的创业孵化基地，也制定了相关的管理、入驻、退出、晋升制度，为在孵企业提供全方位、专业化、精细化的创业服务。"邑空间双创部相关负责人介绍，目前在孵创客有 117 人，每户至少带动 2 人就业。

同一时间，上饶市广信区时光 PARK 文化情境商业公园里人头攒动，艺术地标、灯光造景、各类主题集市，拉满夜购、夜食、夜游、夜娱气氛。据介绍，这是去年认定的市级创业孵化基地，目前有 40 户在孵企业享受相应的优惠政策，包括水、电、租金等补贴，也可以申请创业担保贷款。目前基地商铺共带动 400 多人就业。

"我申请了 20 万元创业担保贷款，3 天就到账了。每季度还有相应的补贴，资金支持很及时。"大学生创业者朱孝文是"洛克台球"的老板，五一期间其店铺日营业额近 2 000 元，随着文旅业回温，他有信心把店经营得更好。

创业是就业之源。为进一步激发创业活力，今年以来，江西将新增发放创业担保贷款 150 亿元，继续实施重点群体扶持政策，持续降低创业主体融资成本。

一方面，持续加大创业担保贷款政策宣传。另一方面，持续优化办贷流程，简化办贷手续，开通小微企业绿色通道，不断提升服务便捷度。

"在风险可控的前提下，严格落实'一次性告知''限时办结制'等服务制度，在申请人材料提供齐全的情况下，压缩报批时限，提高审批效率，要求2个工作日内完成审查、审批，3个工作日内完成发放，及时高效地满足创业者需要。"江西省就业创业服务中心相关负责人表示，一系列创业担保贷款"硬核"举措，不仅稳住并扶持了更多创业主体，让更多劳动者端稳就业"饭碗"，也为助力经济社会高质量发展作出贡献。

目前，江西已有21家金融机构800多个金融网点开办了创业担保贷款，人社部门已设立130个创业担保贷款经办机构，受理点延伸到村级，做到了宣传到村、服务到户、贷款易得，并已累计发放创业担保贷款超过1933亿元，累计支持近149万人创业，带动了近600万人次就业。

（杨勤　张洁　毛媛）

为"走在前、开新局"培养更多优秀技能人才

——山东技能人才工作综述

"努力在服务和融入新发展格局上走在前、在增强经济社会发展创新力上走在前、在推动黄河流域生态保护和高质量发展上走在前""开创新时代社会主义现代化强省建设新局面",这是 2021 年 10 月习近平总书记在山东视察时赋予山东的光荣使命。

重任在肩,使命如磐。走在前,开新局,其时已至,其势已成。山东锚定"走在前、开新局"这一总遵循,聚焦推动高质量发展这一总要求,突出绿色低碳高质量发展先行区这一总抓手,持续深化新旧动能转换,加力提速工业经济高质量发展,积极推进中国式现代化山东实践,都需要一支规模宏大、素质优良、技艺精湛的技能人才大军。近年来,山东省人力资源社会保障厅深化技能人才体制机制改革,为技能人才成长搭建了平台,为"走在前、开新局"培养和储备了更多"山东力量"。

夯实培训之基，让技能人才有基础、长本事、有舞台

涵盖 129 家企业、19 所技工院校、3 所职业培训机构；全日制在校生 1.3 万余人，年职业培训 5.6 万人次……

这是济宁技工教育集团当前的体量和规模，是济宁市在全国率先组建技工教育集团，大力推进校校之间、校企之间、产教之间的资源整合、优势互补的成果。这也是近年来山东技工教育培训工作夯实"地基"，不断提高办学实力、培养水平、服务能力的一个缩影。

众所周知，技工教育是现代职业教育体系的重要组成部分。山东省人力资源社会保障厅把大力发展技工教育作为培育技能人才的主要渠道，坚持产教融合、服务企业、突出特色、内涵发展，全面扩展技工教育的社会影响力和技能人才培养能力，初步建成以技师学院为重要层次、技工院校梯次发展的现代技工教育体系。

截至 2022 年年底，山东省共有技工院校 207 所，其中技师学院 48 所，位居全国前列；技工院校招生超过 17 万人，在校生达到 45 万人，位居全国第二位。技工院校培养的高技能人才占据山东省新增高技能人才的"半壁江山"。

在聚焦技工教育发展的同时，山东省围绕破解技术工人结构性矛盾，加大政策项目的顶层设计力度，拓宽职业技能培训

思路和方式方法，加快建设一支知识型、技能型、创新型劳动者大军。

——赋能全省重大发展战略，组织实施齐鲁绿色低碳职业技能培训项目（2023—2025 年）；

——开展"齐鲁建筑工匠"技能培训行动、助推"山东手造"产业高质量发展；

——打造多元职业培训载体，构建以企业自主培训、市场化培训为主体，以政府补贴培训为有益补充的职业技能培训体系……

在一系列政策项目的助推下，2021 年以来，山东省累计开展补贴性职业技能培训 302 万人次，培养新型学徒 8 万多人、技师和高级技师 19.5 万人，让更多技能人才长了本事。

既要长本事，也要给舞台。山东省人力资源社会保障厅相关负责人介绍，山东立足本省特色优势产业，实施国家级高技能人才培训基地建设项目、国家级技能大师工作室建设项目，已建成国家级高技能人才培训基地 43 个、国家级技能大师工作室 49 个；累计投入省级以上经费 1.69 亿元，带动各级投入经费超过 3.5 亿元，技能人才有了施展才华的高端平台。

拓宽评价通道，让技能人才有空间、有奔头、增干劲

从一名普通的技工院校毕业生，成长为大国工匠年度人物、

填补国内高端装备技术行业空白的装备先锋,潍柴动力股份有限公司创新型劳模人才王树军在技能道路上越走越远。一路走来,最让他感到高兴的是,得益于省里的好政策,他在去年被评聘为企业特级技师,与正高级工程师享受同等待遇。

王树军表示,自己的每一次成长,都离不开各级人社部门的大力支持,这些支持就像"阳光雨露",让技能人才心无旁骛攀登科技高峰,更让无数技能人才"茁壮成长"。

为了让更多的"王树军"专心钻研技术,实现岗位成才,近年来,山东省紧紧扭住人才评价这个"牛鼻子",健全评价机制,优化评价手段,强化结果运用,着力打破技术工人发展的"天花板"。

一方面,全面推行企业技能人才自主评价,在全国率先开展企业技能人才自主评价,把技能人才评价权"放"给企业,落实企业用人自主权,建立谁使用、谁评价的技能人才评价机制。目前,全省自主评价已完成备案企业 6 281 家,累计发放职业技能等级证书 67.5 万本,备案企业数量、自主评价技能人才数量位居全国前列。

"技能人才自主评价充分尊重了企业的主体作用,赋予我们较大的自主权,可以根据企业实际,结合职工在岗位一线创造的业绩、成果等综合评价职工,体现了技能人才评价的精准性和科学性。"山东港口集团青岛港集团有限公司人力资源部培训中心相关负责人表示。

另一方面,山东省全面深化高技能人才与技术人才"贯通互评",打破职业技能评价与专业技术职称评审界限,破除人才"跨类"发展"从零开始"的"天然壁垒",从工程技术领域开始,符合条件的高技能人才,可直接横向申报相应层次的工程师、高级工程师、正高级工程师,拓宽了职业发展空间,搭建了人才成长的"立交桥"。

据山东省人力资源社会保障厅相关工作负责人介绍,目前贯通互评领域已经扩大到农业、工艺美术、技工院校等8个职称系列,共有1 646名技能人才获得相应领域的专业技术职称。

此外,山东省还率先建立特级技师评聘制度,在全省开展技能人才自主评价的企业中,试行设立特级技师岗位并组织评聘,聘用到特级技师岗位的人员,按照企业正高级工程师兑现工资待遇,王树军就是该项评聘制度的受益者。目前,已评聘253名企业特级技师,极大调动了职工提升技能的积极性,起到了标杆和导向作用。

聚焦激励保障,让技能人才有获得感、幸福感,得实惠

"感谢!幸运的小妮,我的证书她先享。"在山东梵果家居有限公司创意设计部经理赵亮的微信朋友圈里有这么一条动态,朋友圈好友纷纷点赞,一起分享他的喜悦。而这份喜悦来源于赵亮通过"山东惠才卡"顺利解决了孩子就学的问题。

据悉，在山东省内，高技能人才可以持"山东惠才卡"享受出入境和居留、户籍办理、住房保障、子女入学、医疗保健等 29 项绿色通道服务，服务数量和内容在全国均处于领先水平。目前山东省已为 524 名高技能人才发放"山东惠才卡"。

"坚持物质奖励与精神激励相结合、政府引导和企业主体相衔接，着力构建待遇、荣誉等全方位激励机制，不断增强技能人才的获得感、幸福感。"山东省人力资源社会保障厅相关负责人表示。

在物质奖励方面，山东累计选拔 1 952 名齐鲁首席技师，四年管理期内每人每月给予津贴 1 000 元；组织实施产业技能类泰山产业领军人才工程，支持期内每年给予每名入选者个人补助 10 万元、工作经费 10 万元；对获得世界技能大赛金银铜牌和优胜奖的选手，分别给予 60 万元、30 万元、20 万元、10 万元奖励，激励广大青年走技能成才、技能报国之路。

在政策引导方面，山东省制定发布《技能人才薪酬分配指引》，引导企业建立体现技能价值导向的薪酬分配制度；建立技能岗位工资价位发布机制，连续 5 年发布 50 个技能岗位工资价位信息和不同岗位等级工资价位，引导企业提高技能人才工资水平。

让技能人才站"C 位"，这是近年来山东技能人才工作的"风向标"，也是山东省委、省政府深入学习贯彻习近平总书记关于技能人才工作的重要论述，大力实施"技能兴鲁"行动，加快培养造就一批高素质的技术技能人才的生动实践。正是在重视技能人才工作的理念指引下,山东省技能人才工作实现跨越式发展,目前全省高技能人才突破379万人,中华技能大奖获得者22人,全国技术能手695人,高技能人才数量位居全国前列。

(王永)

壮大技能豫军　助推中原"智造"

——河南扎实推进职业能力建设高质量发展

从一名实习钳工，到攻坚克难的技能专家，再到工匠人才"领头雁"，经过多年摸爬滚打，郑州飞机装备有限责任公司高级技师牛雪平，不仅实现了从"工"到"匠"的蜕变，更见证了我国航空工业向全自动化数控"高精尖"的巨大飞跃。

除了牛雪平，还有凭借精湛技艺完成上百项创新项目的焊工陈浩然；给"东方红"拖拉机装上智慧大脑的王建华；紧扣生产瓶颈，破解技术难题的航空工匠范存辉……在河南，一批批能工巧匠正勇攀技术巅峰，为河南高质量发展注入强劲动力。

党的二十大报告提出，深入实施人才强国战略，加快建设国家战略人才力量，努力培养造就更多大师、战略科学家、一流科技领军人才和创新团队、青年科技人才、卓越工程师、大国工匠、高技能人才。

大国之路，匠心筑梦。人才蔚起，国运方兴。河南锚定"确保高质量建设现代化河南、确保高水平实现现代化河南"奋斗目标，全力推进职业能力建设高质量发展，技能人才队伍总量不断扩大、素质稳步提升、活力充分释放，助推河南制造向"质造""智造"纵深进发。

政策引路，深化职业技能培训

"我省是人口大省，劳动适龄人口有 5 700 万人左右。如何大力提升劳动者整体素质，把人口优势塑造为人力资源优势，把人口红利转变为人才红利，事关河南经济社会发展全局。"河南省人力资源社会保障厅相关负责人说。

"创新之道，唯在得人。得人之要，必广其途以储之。"职业技能培训是开发人力资源、提升劳动者素质，推动高质量发展、促进产业转型升级的重要举措。

近年来，河南高质量推进"人人持证、技能河南"建设，大规模开展"全劳动周期、全工种门类"职业技能培训和评价取证，促进技术技能型劳动者队伍不断壮大、素质稳步提高，助力更多劳动者实现技能就业、技能增收、技能致富，探索出人口红利加速向人才红利转变、向发展动能转化的新路径。

"去年，我们公司产量突破 16 万台，产值突破 145 亿元，再创历史新高。公司的快速发展急需建设一支知识型、技能型、创新型的技能人才队伍。"奇瑞汽车河南有限公司人力资源部部长张莉莉说。"人人持证、技能河南"建设开展以来，该公司通过内部培养、社会招聘和订单班等形式培养技能人才。目前已具备汽车维修、汽车装调等 17 个工种自主认定资质与能力；

完成职业技能等级认定取证 3 016 人次，其中高级工 900 余人、高级技师 300 余人。

紧扣发展战略要求，精准培训人才。河南适应制造业高端化、智能化、绿色化要求，实施制造业技能根基工程，加快人工智能、大数据、5G 等战略性新兴产业急需紧缺高技能人才培训；围绕现代服务业发展，壮大养老、托育、康养照护等技能人才培养培训规模。濮阳市聚焦化工产业新材料、新技能、新工艺，全面开展企业职工技能培训 8 000 余人次。开封创新实施"康养照护"人力资源培育品牌培塑工程，开展"康养照护"类人员培训 1.7 万余人，新增取证 1.5 万人，实现就业万余人，满足产业和市场需求。

聚焦重点人群，强化技能培训。河南聚焦新生代农民工、下岗失业人员、退役军人、残疾人等重点群体，开展职业技能培训，推动稳岗就业和返乡创业。扎实做好高素质农民培训持证工作，让更多高素质农民实现技能就业、技能增收。

政策密集落地，技能人才建设硕果累累。2021 年至今，全省共开展职业技能培训 1 014 万人次，新增技能人才（取证）671 万人，新增高技能人才（取证）245 万人，技能人才占就业人员的比例达 32.5%。截至 2023 年 4 月底，全省技能人才总量达 1 571 万人、高技能人才总量达 442 万人。一支新时代技能豫军正在加速形成，为当地高质量发展增添新动能。

强化产教融合，建设技能人才新高地

"技工教育改变了我的命运，让我明白，只要努力奋斗，走技能这条路一样能收获精彩人生。"2016年，高考失利的贺江涛进入河南化工技师学院学习。凭借不懈努力，2019年，他在第45届世界技能大赛上获得了工业控制项目铜牌。夺奖归来后，他选择留校任教，"我希望将比赛经验传授给更多的人，激励更多青年学子走技能报国之路。"

技工院校是技能人才培养的"主力军"，大力发展技工教育，是培养技能人才、促进就业创业创新，实现高质量发展的重要基础。

经过不断发展，河南形成了以技师学院为龙头、高级技工学校为骨干、普通技工学校为基础的覆盖城乡、面向全体劳动者的技工教育培训网络。目前，全省共有技工院校97所，其中技师学院31所，每年招生超过11万人，招生规模保持全国前列。

"通过维修电工培训学习，我的技能水平进一步提升，工作更加得心应手，待遇也随之提高。"2020年，河南能源化工集团重型装备有限公司员工鲁俊杰参加了由公司和开封技师学院组织的新型学徒制培训，取得了相应的证书。

新型学徒制培训是深化产教融合、企校合作，培养新时代技能人才的重要方式。河南瞄准技术变革和产业优化升级方向，推进技工教育、技能培训与发展需求深度融合。全力推动全省技工院校精准对接产业、就业需求，加大急需紧缺技工教育培训，提升培训精准度、就业匹配度，促进高质量就业。创新实施技工教育优质校建设计划，支持31所技师学院优先在重点产业头部企业设立产业学院，扩大招生规模，推动产教高效融合。

濮阳市全面推行新型学徒制，实行"招工即招生、入企即入校、企校双师联合培养"培训模式，优先支持化工、数控加工、汽车维修等紧缺工种培训。2021年12月以来，濮阳技师学院联合43家企业开展了培训业务，为企业培训近3 000人；濮阳技师学院学生2022年、2023年共取证2 642人，就业2 605人，就业率达98.6%。

在开封，黄河水利职业技术学院、开封大学等院校开展"订单式""冠名班""顶岗实习"等多元化办学，快速培养了一批企业急需紧缺技能人才。开封大学、河南化工技师学院、河南医药健康技师学院、开封技师学院与企业共建"阀门学院""精细化工产业学院""健康照护学院""奇瑞汽车产业学院"，组织奇瑞汽车等30余家企业开展新型学徒制培训，共培训1 500人，实现了人才共育、资源共享、发展共赢。

"2019年以来，奇瑞汽车与开封技师学院紧密合作，累计选拔900余名骨干员工参加企业新型学徒制培训。参与员工质量意识和责任意识进一步加强，去年整车一次交检合格率提升5%，节约质量返修成本85万元。"张莉莉说。

实施综合激励,让技能成才蔚然成风

"通过参与技能培训和竞赛不断提高自己的技能水平,才能更好地为学生服务。"凭借一股拼劲,濮阳技师学院机械工程系教师王昊杨在河南省第二届职业技能大赛中夺得服务机器人(省赛精选)项目金牌。

士因习而勇,能因练而精。职业技能竞赛是展示精湛技能、相互切磋技艺的平台,对壮大技能人才队伍具有积极作用。

"以赛促训、以赛促学,加快培养选拔一批应用型、技能型劳动者,推动人口大省向人才强省转变;通过竞赛营造劳动光荣、技能宝贵、创造伟大的社会氛围,激发更多劳动者特别是青年人走技能成才、技能报国之路。"河南人力资源社会保障厅职业能力建设处相关负责人说。

据该负责人介绍,全省坚持竞赛引领,以第47届世界技能大赛、第二届全国职业技能大赛为牵引,统筹全省各类赛事活动,积极申办国际国内重要赛事。统筹推进全省年开展不少于100个职业(工种)竞赛、1 000场赛事活动,助力10 000名以上选手获得相应证书,实现"百千万"竞赛目标,新培养选拔"全国技术能手""河南省技术能手"等优秀高技能人才400人以上。强化赛事成果转化,以赛促训、以赛促学、以赛促建,推动职业院校优化专业设置,助力技能河南建设整体水平提升。

水激石则鸣,人激志则宏。深化人才发展体制机制改革,是构筑人才制度优势、实现高质量发展的战略之举。

"技能人才正处于干事创业的好时代！通过技能竞赛和人才评价，我们企业涌现出了一大批年轻的'金蓝领'，成为企业发展的骨干力量。"河南平原光电有限公司数控加工中心高级技师梁兵感叹道。

河南支持鼓励高技能领军人才"揭榜领题"、参与重大生产决策、技术革新和攻关。全面落实"新八级工"制度，贯通高技能人才职业发展通道。鼓励企业建立健全培养、使用、评价和待遇相结合的激励机制。组织开展优秀高技能人才评选表彰、研修、休疗养等活动，使劳动光荣、技能宝贵、创造伟大成为风尚。

一系列制度创新和政策激励，激活了高技能人才一池春水。目前，河南省共有中华技能大奖获得者14名、全国技术能手239名、中原技能大奖获得者60名、中原技能大师52名。

勠力同心、奋楫扬帆，河南人社系统将持续加强技能人才队伍建设，培养造就更多高素质技术技能人才、能工巧匠、大国工匠，为高质量建设现代化河南提供坚实的人才支撑，为推动我国向技能强国转变、实现中华民族伟大复兴作出新的更大贡献。

（王东丽）

搭建"就业桥"续写"鄂藏情"

——湖北用心用力用情推进就业援藏工作

大学毕业的藏族孩子们，从高原到平原、从草场到企业、从陌生到熟悉，穿上崭新的工作服，在实操中汲取先进的技术知识，这是就业援藏新模式实施以来的生动画面。

近年来，湖北人社系统认真落实省委省政府对口支援西藏工作部署，把就业援藏作为促进边疆稳定、民族团结的一项重大政治任务，大力推进西藏籍高校毕业生到湖北就业。

"定制式"帮扶用心打好就业援藏组合拳

治国必治边，治边先稳藏。数据显示，2020年以来，西藏每年应届高校毕业生达 4 万人，但区内仅能提供就业岗位 4 000 个左右，占就业需求的 10%。解决西藏籍高校毕业生就业难、就业窄、就业质量不高问题，已成为影响西藏民生改善、社会发展、民族团结、边疆稳定的重要因素。为此，湖北人社系统将就业援藏作为工作重点，坚持需求导向、精准发力、多措并举，吸引更多西藏籍高校毕业生选择湖北。

针对西藏籍高校毕业生更青睐国有企业、事业单位的特点，湖北人社系统每年组织企事业单位进藏开展定向招聘。2020年湖北受新冠肺炎疫情影响严重，在省内高校毕业生就业形势严峻的情况下，仍将定向招聘事业单位岗位从原来的每年20个增加到42个，"十四五"期间，增加到每年不少于60个事业单位岗位和100个国有企业岗位。截至2023年5月，共有142名西藏籍高校毕业生通过专项招聘就职湖北事业单位。

在招录政策上，对西藏籍高校毕业生实行特殊政策，通过降低学历要求、减少专业限制等方式，创造西藏籍高校毕业生的就业优势。其中，对报考湖北"三支一扶"计划的西藏籍高校毕业生，实行笔试加3分的政策，2020年至2023年5月，共有91人享受优惠政策。

此外，为满足西藏籍高校毕业生技能提升需要，由西藏自治区人力资源社会保障厅和湖北省人力资源社会保障厅共同授牌，在武汉建立"湖北省西藏籍高校毕业生就业见习基地"，在见习基地设立职业技能鉴定所，为西藏籍高校毕业生开展职业培训和技能鉴定，鼓励他们掌握一技之长，拓宽就业之路。截至2023年5月，已有超1 000名西藏籍高校毕业生通过基地实现实习、培训、就业，近百人通过技能鉴定。

"组团式"就业用力擦亮就业援藏新品牌

在就业援藏过程中，湖北人社系统坚持创新方式方法，探

索"组团式"市场化就业，促进更多西藏籍高校毕业生在湖北就业，并联合西藏山南市组织三批次、数百名山南籍大学生来鄂开展就业体验活动，宣传推介湖北历史人文风貌。

2021年，西藏自治区人力资源社会保障厅就业援藏暨区外"组团式"市场化就业工作现场推进会在湖北黄石召开。2023年，山南市人力资源社会保障局组织在鄂就业学生家长代表22人回访考察，进一步增强来鄂西藏籍高校毕业生的认同感、获得感和幸福感。

湖北人社系统还深入西藏籍大学生较多的湖北民族大学、中南民族大学，开展"就业创业政策进校园"活动，面对面宣讲湖北就业政策和就业形势。同时，依托湖北省第十批援藏工作队、山南市人力资源社会保障局宣传湖北优惠政策，并结合每年进藏开展的定向招聘活动推介湖北，促进更多西藏学子来鄂就业。

湖北省第十批援藏工作队、山南市人力资源社会保障局、黄石市第六批援藏工作队还联合组织劲牌集团、华新集团等优质企业提供就业岗位，帮助141人在湖北实现就业，"鄂藏情"组团式市场化就业深入人心。

在"组团式"就业的探索过程中，湖北人社系统还确立了"制度管人、情义感人、待遇留人、岗位炼人、事业成人"的就业援藏工作新理念，探索实施"组团式"人岗精准对接、"市场化"双向自由选择，打出一套政策支持"组合拳"，让来鄂就业的西藏籍高校毕业生愿意来、留得下、能发展、快成才。

"专员式"服务用情搭建就业援藏连心桥

湖北人社系统始终把就业援藏作为增进民族交流交融的重要抓手，在工作上支持、生活上照顾西藏籍高校毕业生，帮助他们更快更好融入湖北。

为来鄂西藏籍高校毕业生配备"一对一"专员，提供档案托管、职称评审等全程代办服务，协调解决语言交流、文化娱乐、交通出行等难题，创造条件提供交友婚嫁、子女入学等服务。大力实施"才聚荆楚"工程，对西藏籍高校毕业生一视同仁，积极提供职业介绍、职业指导、就业见习、创业指导等公共就业服务。湖北公共招聘网开辟服务专区，及时向西藏学子推送招聘、创业等信息，帮助他们求职就业。黄石市第六批援藏工作队提供牵线搭桥、稳岗就业全链条"保姆式"服务，为推动就业援藏发挥了积极作用。

目前，湖北人社系统已将西藏籍高校毕业生纳入全省鼓励高校毕业生就业创业政策支持范围，对符合条件的创业项目，自 2022 年起，将扶持资金由原来的 2 万～20 万元提高到 5 万～50 万元。落实大学生一次性求职创业补贴、自主创业税费减免等就业扶持政策，对符合规定的给予 5 000 元一次性创业补贴。

下一步，湖北人社系统将每年组织开展进藏定向招聘活动，

提供不少于 1 000 个就业岗位。进一步加大宣传引导力度，鼓励西藏籍高校毕业生转变就业观念，促进更多西藏籍高校毕业生来鄂实现稳定就业。

（张磊　赵玉龙）

用情用力　打好"保就业"这场硬仗

——湖南落实落细就业优先政策

盛夏时节，万物荣华。三湘大地上，6 600万湖湘儿女万众一心、不懈奋斗，加快实现"三高四新"美好蓝图。

近年来，湖南深入贯彻党中央、国务院决策部署，以促进高质量充分就业为目标，突出工作部署优先、政策支持优先、重点群体优先、公共服务优先，用情用力稳就业保民生，全省就业局势保持总体稳定。

"按照党的二十大报告关于就业工作的要求，湖南将以强化就业优先为导向，以促进供需匹配为关键，以推进数字赋能为支撑，以夯实基层服务为基础，以强化风险防控为底线，构建部门协同、上下联动、服务精准、管理科学的高质量充分就业工作体系。"湖南省人力资源社会保障厅相关负责人表示。

支持稳岗扩岗，强化就业优先导向

"即使在疫情防控期间，企业生产经营也十分稳定，我在这里工作十分舒心，每月收入有4 000多元。"2023年6月

15日,湖南捷力泰科技有限公司生产部员工郭军红说。之后只用几分钟,她便麻利地把100个麦克风打包到一个透明的包装袋中。

2022年,捷力泰科技有限公司及时收到14万元稳岗返还和留工培训补贴资金,这笔宝贵的资金助力企业稳岗前行。"永州全面落实社会保险'降、缓、返、补'援企稳岗政策,工伤保险费率连续四年下调,2 990.5万元失业保险稳岗资金直达全市971家企业账户。"永州市人力资源社会保障局相关负责人介绍。

今年以来,湖南省委、省政府将稳就业列入打好经济"发展六仗"重要目标,其中重点为民生保障仗,就业是其首要任务和第一位工作。2022年以来,湖南持续加强就业政策与经济政策协调联动,支持稳岗扩岗。2022年实施稳经济"1+8"一揽子政策,退减缓税费超1 000亿元,推动经济复苏、就业回暖。2023年出台《关于打好经济增长主动仗实现经济运行整体好转的若干政策措施》,聚力政策联动保就业,1—5月,城镇新增就业35.18万人,完成年度任务的50.3%,同比增长5.1%。

"今年3月,长沙市人力资源社会保障局提请市政府印发《关于落实就业优先政策 进一步做好稳就业工作的实施意见》(简称就业优先政策2.0版),从7个方面提出26条政策措施,出台落实就业优先战略市级纲领性文件。"长沙市就业服务中心相关负责人介绍,"2022年长沙市各级财政在异常紧张的情况下,安排就业补贴资金3.29亿元,强化就业优先政策。"

今年,湖南出台人社部门支持民营经济发展9条措施、重点企业用工服务7条措施,发放稳岗返还资金12.68亿元,惠及企业12.43万家、职工340.39万人。

"永州先后出台'促就业二十三条''稳就业十七条'等政策文件,完善就业见习、劳务品牌、就业帮扶车间等政策实施细则,多点发力促进高质量充分就业,全市就业局势呈现'稳中有进'的良好态势。"永州市人力资源社会保障局相关负责人说。

2022年长沙出台《人社领域全力支持抗击疫情二十条政策措施》,顶格实施社保降费减负系列政策,推行"免申即享""直补快办"经办模式,使企业少缴社保费9.94亿元、缓缴社保费4.81亿元,发放稳岗返还5.83亿元,拨付一次性留工培训补助和扩岗补助5.04亿元,惠及企业14.3万余家、职工137万余名。

强化底线思维,兜牢重点群体就业底线

"希望能够将见习期间所学知识与经验,运用到今后的工作中去。"今年3月,永州市冷水滩区梅湾街道见习生吕品通过该区事业单位招聘,成功考取区财政评审中心工程技术人员岗位。见习期间,吕品坚守在疫情防控最前沿,特殊的经历让她更直

接感受到基层工作的重要性与不易。

为稳定青年群体就业，湖南将抓好高校毕业生等城镇新成长劳动力就业纳入2023年湖南省政府"十大民生实事"，落实青年就业创业推进计划10项行动，组织线上线下招聘会1.37万场，提供岗位197.29万个，为2023届58 033名高校毕业生发放求职创业补贴8 704.95万元。

长沙人社部门坚持将拓宽市场化渠道和稳定公共就业岗位规模相结合，计划今年集中开发归集私营企业、国有企业、机关事业单位、城乡基层岗位及就业见习岗位、公益性岗位20万个以上。其中，市、区属国有企业提供不少于2 000个岗位，按不低于50%比例招聘应届高校毕业生和择业期内未落实工作单位的毕业生。

"之前在深圳打工，看到人社部门发布的招聘信息，过完年后就在怀化找份事做，不管是照顾小孩还是回老家都更方便。"怀化洪江市返乡农民工张元感叹。

今年以来，怀化市建立健全农民工返乡就业创业考核机制，努力促进外出务工人员返乡就地就近就业。

"怀化市本级安排专项资金820万元予以奖励。考核指标结合农民工返乡留乡就业创业实际，设立基础性指标、创新性指标、重点性指标、保障性指标以及加减激励指标共17项考核内容，对工作推进落实情况进行了量化考核。"怀化市人力资源社会保障局相关负责人介绍。

截至 2023 年 5 月底，怀化返乡留乡农民工就地就近就业达 23.4 万人，其中今年以来新增农民工返乡就业达 2.88 万人，比 2021 年同期增加了 2.2 万人。

为促进农民工就业增收，湖南人社部门还实施"湘融湘爱"农民工权益关爱、农民工市民化融合湖南行动，5 月底农村劳动力转移就业 1 668.91 万人，同比增长 1.55%，新增农村劳动力转移就业 28.36 万人；打造电力湘军、湖南铸造工匠等 35 个省级劳务品牌，带动从业 130 万人、产生经济效益近 3 000 亿元。

今年以来，湖南人社部门制定出台加强就业困难人员就业帮扶措施，推出"建立帮扶台账、分类就业援助、促进供需对接、强化技能培训、落实补贴政策、鼓励自主创业、支持灵活就业、开发公益性岗位、兑现生活保障、做好风险防范"十条措施，构建及时发现、优先服务、分类帮扶、动态管理工作机制，兜牢困难人员就业底线。

加强分类指导，持续优化公共就业服务能力

唐贤今年 20 岁，是长沙市天心区一名幼师，假期较多，想利用闲暇时间找一份兼职。在长沙新消费零工市场，通过系统匹配，她顺利在幼儿园附近一家肯德基店找到兼职工作。

"肯德基排班自由，按周结工资，周末以及工作日 18 点—22 点均可兼职，每小时 13 元工资。"唐贤对这份工作很满意。

天心区人力资源社会保障局相关负责人介绍,长沙新消费零工市场以"小翅零工"线上平台为依托,充分运用"互联网+"、大数据、云服务、人工智能等技术手段,拓展线下就业服务范围,提升零工信息服务水平,提供在线匹配对接、应聘报名、结果确认等就业服务。

结合新就业群体需求,长沙还计划重点打造8个新型特色零工市场、1个湘赣边就业服务驿站,如雨花区、长沙县筹建新物流零工市场,开福区选址马栏山文创园建设新文创零工市场等。

今年以来,湖南各级人社部门聚焦供需信息不对称、结构性就业矛盾等问题,加强分类指导、精准服务,促进劳动力有序流动、高效匹配。

"人社部门加强失业登记、职业介绍、职业培训、职业指导、生活保障联动,在全省范围内启动实施职业指导'六个一'行动,即组建一支专家团、编写一套工作指南、开展一系列推广行动、组织一批专项培训、举办一次职业指导竞赛、创建一批职业指导工作室。"湖南省就业服务中心相关负责人表示。

预计到2025年年底,湖南省各级公共就业服务机构和基层平台将总计提供职业指导150万人次,推广"家门口的企业"不少于1 000家,推介"家门口的就业岗位"不少于10万个。2022年至今已提供岗位信息654.53万人次、职业培训信息20.65万人次、职业指导301.86万人次。

"在校期间可以到企业实习,实习后可以直接上班,薪资待遇完全达到我的期待。"湖南潇湘技师学院烹饪专业学生郭万强对就业前景充满期待。

据介绍,永州市人社部门强化供需两端精准匹配对接,坚持面向产业、面向园区企业、面向乡村振兴需求开展职业技能培训。2022年以来,永州共开展技能培训4.8万人次,本地6所技工院校每年为企业"订单式"培训技能人才5 000人以上。同时,创新开展"网络直播带货技能竞赛""永州地方菜烹饪技能竞赛"等技能赛事,挖掘和培育行业技能人才。

为着力做实就业服务,湖南人社部门还动态发布市场急需紧缺工种,推行订单、定岗、定向培训,用好"湘就业"等信息平台,"湘就业"平台累计入驻企业1.21万家,加强了1 193家重点企业、143个省级产业园区用工保障;组建省级职业指导专家团,加强充分就业社区(村)建设,推动就业服务端口前移。

(游翀 罗赣湘)

聚人才　强产业　促发展

——广东推动人力资源服务业高质量发展

广东人力资源服务业走在全国前列，奋力创造新辉煌：2022年全省人力资源服务机构5 845家，从业人员15.1万人，营收超2 900亿元，为4 985.7万人次劳动者和331.3万家次用人单位提供了专业服务，举办现场招聘会1.2万场次，提供岗位462.6万个……

"近年来，广东省人力资源社会保障厅紧紧围绕粤港澳大湾区和深圳先行示范区'双区'以及横琴、前海、南沙三个重大合作平台建设，提升人力资源服务水平，产业化、专业化、多元化、国际化的人力资源服务体系初步形成。"广东省人力资源社会保障厅相关负责人表示。

突出促进就业，提升服务人才能力

"食堂每天都提供水果、绿豆沙、凉粉、凉茶等消暑品，对员工来说，食堂福利很到位。"6月15日，在"揾工在广东"重点企业直播带岗活动第5场直播中，针对连日来的高温天气，广东冠豪高新技术股份有限公司人力资源部黄经理热情地介绍单位食堂的消暑品。

人才是第一资源，也是经济社会发展的重要支撑。该直播带岗活动由广东省人力资源社会保障厅主办，广东省内各地区优质企业纷纷参与，为更多求职者搭建与企业之间的沟通桥梁。

今年以来，广东人力资源服务业积极服务大局，促进就业作用凸显。人社部门组织国聘行动、南粤春暖、"筑梦广东人力同行"等招聘活动，开展直播带岗、职业指导"云课堂"、就业政策"云宣讲"，发布就业岗位超300万个。

目前，广东省公共人力资源服务机构设立网站81个、开通微信公众号60个、打造手机客户端7个，建成省、市、县区、街镇、村居五级公共服务网络。与此同时，流动人员人事档案基础信息资源库建成运行，上传人力资源社会保障部数据404.7万条，档案服务跨省通办顺畅有序。

按照"一核一带一区"区域发展格局要求，广东人社部门提升珠三角人力资源服务业发展能级，推动粤东粤西粤北地区实现特色化、差异化发展；发挥前海、横琴、南沙等窗口作用，大力开发数字化、跨境交易等人力资源服务产品；加强各级人力资源服务行业协会建设，发挥行业自律作用，引导市场公平竞争、有序发展。

据了解，广东人力资源服务业蓬勃发展，形成包括招聘、人力资源外包、劳务派遣、人才测评、高级人才寻访等各类型

的服务体系。"广东人力资源行业主体结构不断优化，国有、民营、合资、独资企业竞相发展，民营企业市场占比达85%，广州、深圳等地行业营收规模保持快速增长态势。"广东省人力资源社会保障厅人力资源市场处相关负责人说。

优化营商环境，市场秩序更规范

总部坐落于东莞松山湖的广东智通人才连锁股份有限公司（简称智通人才），在全国30多个城市开设60多家分公司，创立28年来，为150万家次用人单位和近亿人次求职者提供人力资源服务。

智通人才近年飞速发展，离不开广东人力资源服务行业一流的营商环境。广东省根据人才强国战略和就业优先战略的部署，贯彻落实《人力资源市场暂行条例》，颁布实施《广东省人力资源市场条例》，印发《广东省人力资源服务业发展"十四五"规划》，制定《广东省推进新时代人力资源服务业高质量发展的若干措施》。

"广东以省委、省政府名义高规格出台劳动力和人才等要素流动重要文件，陆续发布《广东省人力资源和社会保障事业发展'十四五'规划》《加快人力资源服务业发展意见》等重要文件，不断优化市场环境，促进人力资源服务业发展，着力构建公平合理、顺畅有序的人力资源流动格局。"广东省人力资源社会保障厅相关负责人说。

与此同时，广东全面实施人力资源服务许可告知承诺制，简政放权更加深入。一方面，放宽市场准入条件，推动港澳台地区独资、外商投资人力资源服务机构许可备案享受国民待遇。另一方面，建成全省归集统一、资源共享、快速便捷的人力资源管理服务信息系统，实现"一网通办"。据统计，广东省的人力资源服务机构中，外商投资机构 26 家、港澳地区合资机构 37 家，营收超 45 亿元，年均增长超过 10%。

"为促进市场秩序更加规范，广东贯彻落实《网络招聘服务管理规定》，集中整治就业歧视、虚假招聘等乱象，2022 年扎实开展清理整顿人力资源市场秩序专项执法行动，查处违法案件 92 件，责令整改 81 件。健全事中事后监管机制，统计年报系统对接'业务大集中'平台，通过平台公示年度报告。"广东省人力资源社会保障厅人力资源市场处相关负责人介绍。

形成集聚效应，建成三级服务体系

广东是经济大省、用工大省、制造业大省。广东人力资源服务业因广东经济高质量发展而充满生机，广东经济高质量发展也为广东人力资源服务业发展注入澎湃动力。提升人力资源服务，"关键一招"是打造人力资源产业园，形成集聚效应。

"在广东，部省共建中国广州、中国深圳 2 家国家级人力资源产业园，建成汕头、佛山、韶关、梅州、惠州、东莞、中山、江门、茂名、清远等 10 家省级产业园，国家、省、市三级联动的人力资源服务产业园服务体系基本形成。"广东省人力资源社会保障厅相关负责人介绍。

今年6月底,广东省人力资源服务产业园管理系统及人力资源服务交易平台正式上线,旨在打造全省统一、开放、共享、创新的线上产业园平台,逐步发挥园区协同效应。

17家产业园服务能力稳步提升,不仅为入驻企业提供会议、培训、金融、法律、餐饮等配套服务,还具备就业创业、社会保障、人事人才等公共服务功能。2022年,各产业园开展就业创业活动186场次,举办网络招聘会1 290场次,参与机构695家次,参与企业2.9万家次,发布岗位101万个,在促进就业创业、引进人才、服务经济发展以及推进乡村振兴等方面发挥重要作用。

此外,广东还成立产业园联盟,实现全省17家产业园全覆盖,举办供需交流会、博览会、创业创新大赛等活动。目前,广东省运营的人力资源服务产业园总面积超60万平方米、营收849亿元、税收达27亿元。

（游翀）

蹚出调解仲裁的"创新路"

——广西推动劳动人事争议调解仲裁事业再上新台阶

从"履霜，坚冰至"到"春暖，花将开"，这是 2023 年 5 月，广西崇左市中泰越人力资源服务有限公司 214 名员工经历的心情起伏的写照。

因公司经营不善，崇左市中泰越人力资源服务有限公司出现拖欠员工工资及欠缴社保费问题。一旦公司倒闭，214 名员工将面临失业困境。

崇左市劳动争议调解仲裁、监察等部门迅速行动，多次与该公司沟通协调，促成双方达成和解协议；就业部门经不懈努力，最终成功推荐 214 名员工到崇左市领航人力资源有限公司上岗，推荐成功率达 100%，为维护民族地区的社会稳定贡献了力量。

这是崇左市"劳动维权＋就业帮扶"联动工作模式的一次成功实践。这样的实践，是广西不断探索劳动人事争议调解仲裁事业创新之路的缩影。

"习近平总书记在浙江工作期间主导创立、身体力行的'浦

江经验',解决了一大批群众诉求,也进一步密切了党群干群关系。我们认真学习、大力传承'浦江经验',在依法办案的同时,坚持以劳动者为中心,不断创新服务手段,提高调解仲裁服务质效,用实际行动践行为民解难、为党分忧的政治使命。"广西人力资源社会保障厅相关负责人说。

民呼我应,把好源头治理"总开关"

面对疫情影响,做好调解仲裁工作,关乎社会和谐稳定。

2022年,某大型企业因业务变化,准备调整部分职工岗位和工作地点,但不少职工不理解、不支持,甚至称要通过法律途径维护自身权益。广西人力资源社会保障厅主动上门服务,提供法律政策咨询答疑,提出可行建议意见,较为妥善地处理潜在纠纷。后期又将该企业列为仲裁对口帮扶对象,安排专人指导其进一步完善内部管理制度、畅通职工表达途径,至此未发生一起劳动争议仲裁案件。

夯实基础,是把好源头治理的第一关。

"我们紧紧依靠关键单位,积极争取各方支持,不断整合资源、汇聚力量,有力夯实调解仲裁工作基础保障。"广西人力资源社会保障厅相关负责人介绍,2021年在制定《广西壮族自治区劳动人事争议调解仲裁条例》的关键节点,该厅积极向自治区人大立法委阐明调解工作意义,推动该条例制定专门条款,明确将调解工作经费依法纳入政府财政保障。同时,也是全国第一个将劳动人事争议"预防"作为专章写入劳动人事调解仲裁条例的，从地方法规的高度明确各级政府、用人单位、工会与各职能部门在争议预防中的法定职责，有力指导推动了广西开展争议源头治理工作。

2021年以来，广西人力资源社会保障厅会同法院、工会、企业联合会、工商联等单位在全区范围内常态化开展"加强争议预防、服务八桂企业"专项活动，累计送法进企业2 959次，实地指导基层调解组织建设1 202次，举办普法讲座或培训班493场，组织邀请走进仲裁机构活动1 764人次，受到广大企业和劳动者普遍欢迎。

民盼我为，下好多元调解"关键棋"

2023年1月9日，何某某等4人通过柳州市柳东新区劳动人事争议在线调解服务平台申请调解广西某集团拖欠2个月工资的问题，并反馈公司上百名员工存在同样被欠薪情况。

柳东新区劳动人事争议调解委员会联合柳州市劳动人事争议仲裁院、柳东新区劳动监察大队、柳东新区总工会共同开展调解工作，促成双方当事人达成调解协议，仲裁院派员全程参与调解，并当场对调解协议进行审查确认，最终调解成功。该公司一个月内支付给何某某等4人被拖欠的工资款项，共计27 503.72元，并指导督促公司支付其他110余名员工被拖欠的工资。

这是调解委员会多元调解取得积极成效的缩影。

最大程度实现"案结事了",这是广西探索多元调解的目标。

"我们密切跨部门协作,以'有场地、有设备、有调解员、有经费、有制度、有标识'为标准,在全区推进市县多元调解平台建设,实现多方参与、合署办公,对同一个争议,各方同向发力、同频发声,将争议柔性化解在萌芽状态,有效减轻劳动者和企业的诉累,推动全区调解成功率两年提高 10 个百分点。"广西人力资源社会保障厅相关负责人介绍。

广西人力资源社会保障厅推动将"完善劳动争议多元调解机制"列入 2022 年自治区政府工作报告,并纳入广西平安建设重要考核内容一体推进。2023—2025 年,自治区政府和自治区总工会、自治区高级法院每年将拨出上千万元专项资金支持全区各地多元调解平台建设;"十四五"时期末,将在全区各地建成"一中心、多工作室、多站点"多元调解平台体系。

据了解,在各有关部门共同参与下,目前广西全区已建立 133 个市县多元调解中心,融合法律咨询、人民调解、仲裁调解、司法调解、法律援助等多种职能为一体,为劳动者和用人单位提供了更加便利的"一站式"调解服务。

民忧我念,答好暖心服务"新答卷"

把群众的"心上事"变成自己的"上心事",这是广西调解仲裁同志的共同追求。

罗某是来宾某项目工地灵活就业的农民工,在工作过程中意外受伤,造成9级伤残,两个孩子都还在上大学,巨额的医疗费让这个家庭负担沉重。双方的初步协商未能就罗某的工伤待遇问题达成协议。罗某于2022年3月向来宾市劳动人事争议仲裁委员会提起仲裁申请。

了解到此情况后,仲裁员从为民办实事、以调解促进劳动关系和谐稳定的角度出发,通过"绿色通道"及时为罗某办理立案手续并协助其申请法律援助律师。通过仲裁员的释法析理和法律援助律师对于双方争议焦点给予的建议,最终双方协商达成一致的调解意见,由公司向罗某支付工伤待遇共计15万元。

"这次调解对我们全家帮助很大,真的非常感谢人社部门。"罗某道出了很多灵活就业劳动者的心声。

广西人力资源社会保障厅主动协调有关部门,深化延展调解仲裁法律援助服务。在协作单位上,将总工会纳入法律援助重要部门,充分使用工会法律援助资源。在援助对象上,扩大将未成年工和10人以上集体争议案件的劳动者纳入援助范围。目前,广西已有74个仲裁机构设立法律援助工作站,其中31个有法律援助律师坐班值班,有力维护了劳动者的合法权益。

几年来,广西人力资源社会保障厅强化协同,不断提升服务水平,把工作的难点化为探索的亮点。

据介绍,广西提供"大人社"全面优质服务,推行"调解仲裁+就业帮扶"模式,打通全区就业和仲裁两个业务信息系统,通过系统对接自动为仲裁案件当事人追踪开展工作推荐等服务,帮助当事人解决就业问题,巩固劳动人事争议化解成果。针对劳动者在工伤认定、补缴企业职工基本养老保险费等过程中劳动关系确认难的问题,主动靠前参与,在前端完成劳动关系档案材料审核确认,较好解决群众"多头跑"问题,也减少了劳动者非必要仲裁。同时,加强调解仲裁和劳动监察联动,探索建立信息共享、事实互认制度,提升维权服务效能。

(王宝杰　卢强)

以制度创新推动经办服务高质量发展

——海南社会保险服务中心工作纪实

近年来,按照"全省一盘棋、全岛同城化"的理念,海南省聚焦参保单位和群众反映强烈的痛点、堵点、难点,大胆改革,加强制度集成创新,打造"一体经办、全省通办、全域统筹"的标准化、规范化、便利化经办服务新模式,有力推动了社保经办服务高质量发展。

体制机制改革推动社保"一体经办"

围绕"全省一盘棋、全岛同城化"目标,海南省将同属于社会保险范畴且具有强关联性的养老、医疗、工伤、生育、失业保险职能进行整合,在省、市(县)两级设立统一的社会保险服务中心,加挂医疗保险服务中心牌子,在全国率先建立省域统一的全险种、全流程经办服务机构,实行"五险合一、一体经办",实现经办管理和基金运行紧密融合,创新了事业单位服务行政机关的体制机制,实现了事业单位机构做减法、职能做加法,为推动事业单位改革提供了实践、贡献了方案。

海南省社会保险服务中心相关负责人介绍:"我们实现了养老、医疗、工伤、生育、失业保险统一登记、统一核定、统一缴费,个人权益记录统一管理。企业和群众办理业务,全流程只需进一扇门,就可一窗通办,有效解决了群众的痛点、堵点,实实在在提升了企业和群众对社保经办服务的体验感和满意度。"

"在这儿办理参保登记非常方便,养老和医疗保险都在一个部门办,"来海南自主创业的王洁说,"在公共服务平台上,点击灵活就业人员参保模块,勾选两个险种就可以一次办结。"

综合柜员制改革打造社保"全省通办"

针对业务不融合、标准不统一、经办地域有壁垒、服务半径小,群众和企业办事多头跑、跑多窗、排长队等问题,海南省着力打造综合柜员经办体制机制,升级"前台综合受理、后台分类审核、统一窗口反馈"的模式。

海南省对社保服务流程进行全方位系统改造,梳理形成128项公共服务事项的清单和办事指南,每个事项按全省统一标准内嵌到综合柜员服务平台,将办事流程固定化。依托综合柜员服务平台,将过去按险种和业务类别分设的专业窗口整合成综合窗口,按"全省通办"的标准将综合窗口变成每一个市(县)的共享窗口,同一事项在全省任一经办机构无差别受理、同标准办理、任一窗口查询反馈,确保业务标准实施不走样,实现全岛同城化、全省一盘棋。

海南省在全国率先实现全省范围职工社保"一体经办、一网通办、全省通办",该项改革入选海南自由贸易港第十二批制度创新案例,同时推动社保档案资源跨部门、跨地区共建、共享、共用,试点业务电子档案"单套制"管理,全面推行业务档案电子化、数字化、异地化存储,建成全国首个社保业务融合的省级电子档案馆,供全省社保经办机构查询利用。

海南省社会保险服务中心相关负责人在接受记者采访时说:"企业和群众在全省任何一个经办机构都可以实时查询业务档案信息。我们建立电子档案移交制度,与省档案馆共享电子档案数据,成为全国第一个将经办业务档案与同级综合档案馆共享、共用的省份。"

今年3月,海南省公路管理局东方分局的社保专管员陈启航在东方市社保中心顺利办结社保增员、申报缴费等业务。过去,陈启航所在单位的养老保险参保登记类业务必须到省会海口市办理,来回奔波400多公里、历时6小时。"去年1月份系统上线后,依托全省通办和网报的便捷条件,在东方市就能办理参保登记业务,省去了很多麻烦。"陈启航高兴地告诉记者。目前,海南省共有公路、气象、水利灌溉管理、热带雨林等近百家省直属事业单位享受到此类属地经办的便捷服务。

融合经办改革实现社保"全域统筹"

海南省立足"五险合一、一体经办"的优势,突出提升"全域统筹"经办服务能力,注重在抓社保业务融合经办、数据共建共享、优化服务流程、保障基金安全上出实招,实行基本医疗与养老、工伤、生育保险参保只进一门、统一打包经办;医疗保险视同缴费年限直接取用养老保险视同缴费年限的认定结果,医疗保险退休业务与养老保险退休业务部分环节合并经办,退休人员办理医保补缴无须重复审档;职工在职转退休申报一次性办结,参保人死亡后统一申报管理,关联待遇处室联动审核后统一发放待遇;推行社保关系转移同步经办,创新人才社保关系转移"一次申请、全程代办"制度,实行全程代办、实施容缺办理、创新协同经办,经办时间缩减 90% 以上。

海南省社会保险服务中心城镇职工养老保险处相关负责人介绍,参保人死亡后待遇发放需经养老、医保、工伤等关联处室联动审核,确认无其他待遇后再发放养老待遇。对经办机构来说,意味着前移了风险管控关口,严格了经办程序,避免了追回重复发放待遇的困难,给社保基金再上一把安全锁;对参保人来说,也避免了因错误发放需退回多领待遇的麻烦。

海南省持续深化"人社服务快办行动",深化一件事集成办,已完成"退休一件事""公民身后一件事"等 7 项一件事的聚合上线,实现 27 个单事项一件事一次办,让更多政务服务事项跨部门、跨层级集成化办理。大力推进"免申即办",建成社保待遇领取资格无感认证平台,2022年帮助153万群众完成无感认证,占全省社保待遇领取人员的94%;推出生育津贴免申即享、工伤保险伤残补贴免申即办。

此外,工伤保险依托医保平台实现工伤职工门诊、住院就医医疗费用"一站式"联网结算,确保每个市(县)至少有一家定点联网结算医院。

在融合各项经办改革的基础上,海南省着力推进各项社会保险基金统筹工作,全面配合落实企业职工基本养老保险全国统筹,顺利实现了医疗保险、工伤保险省级统筹,目前各项保险运行良好,基金共济作用与抗风险能力显著增强,各项基金统筹层次和水平明显提高。并且打造了"数据省级集中、业务一体联动、服务一网覆盖"的全省基金财务信息化平台,向上对接养老、医疗、失业等业务系统,向下对接银行,由原来的支票和手工报盘模式转变为"数据线上走,钱在银行流",基金管理工作更加智能化、精细化,切实守牢老百姓的"养老钱""救命钱"。

(李小彤　陈燕妮)

标准先行　数字赋能　助企惠民

——记重庆人社标准化改革试点工作

近年来,重庆市人力资源社会保障局坚持标准先行、数字赋能,以标准化推动数字化,数字化引领规范化,全力推进综合与区域协同两项试点任务,推动"改革试点"转化为"人社亮点",群众获得感持续增强。试点以来,全市人社服务事项办理时限平均减少5.07天,53项实现"立等可取",群众好评率达到99.99%。

全市统办"一体化"抓标准改革

重庆市人力资源社会保障局在有力有序推进标准化建设的过程中,注重三个"全"字。

重庆市人力资源社会保障局相关负责人介绍:"我们将试点工作作为人社系统'一把手'工程,建立'1+23+N'标准化建设制度体系,做到体系'全市统揽'。对115项试点事项进行流程再造,实现全市'三级三十同',编制修订国家标准3项,建立完善地方标准9项,制定内部标准244项,做到规范服务

'全域同标'。以'首创首成'促进试点突破,全国首批开展社保卡'一卡通'应用试点,功能拓展到文化旅游、交通出行等7个领域;启动新就业形态就业人员职业伤害保障试点,覆盖7家企业22.5万人;联合税务部门推行'一厅联办''一窗通办''一次办好'服务,做到拉高标杆'全国争先'。"

"这几年在很多工地干过,每去一个工地就需要一张银行卡,以前常常在各大银行来回奔波,自从通过社保卡发放待遇后,换工地只需带一张社保卡就行,真方便!"在重庆打工的张先生说。

服务联办"系统化"抓规范建设

重庆市人力资源社会保障局聚焦均衡性和可及性,打造"横向到边、纵向到底"的标准化服务体系,全力提升人社服务质量和水平。

重庆通过梳理"一窗综办"事项及受理标准,打造政务服务"综合窗口服务样板间",制定标准规范并投入890万元支持区(县)、镇(街)两级平台建设,分类设立评价指标体系,系统推进高质量充分就业区(县)、社区(村)建设。

重庆市重视示范品牌培育,市人力资源社会保障局相关负责人在接受记者采访时说:"我们制定档案管理、人才服务等7大板块16项规程,拓展建设重庆人才服务港品牌4个;制定市级创业孵化基地准入退出标准,培育'云阳面工''巴渝大

嫂'"大足雕客"等全国知名劳务品牌。"

开州区人力资源社会保障局将培育和建设"开州金厨"劳务品牌作为广辟就业门路、推进乡村振兴、稳定和扩大农村劳动力就业规模的重要抓手。"开州金厨"出征各级各类厨艺大赛，目前已获奖 82 个。

此外，重庆市人力资源社会保障局规范延伸基层服务事项清单，建设"15+5"人社便民服务圈，服务网点达到 1.3 万个，开设"社银""社邮""社医"等各类合作服务点 1 079 个，制作便民电子地图实现"一键导航"。

两地协同智慧便民

重庆市人力资源社会保障局紧扣"数字化变革"要求，以标准化推动体系重构、流程再造、能力重塑，使服务更便捷、更智能、更暖心。

"互联网+人社"服务平台建成以来，已有 148 项服务实现网办，网办率达 95%。农民工就业创业服务"一键办"平台，目前覆盖就业失业登记、求职招聘、劳动维权等 11 项服务。除了快办、直办外，还有助企惠民的"精准免办"。

"精准免办是发挥'一库四联盟'数据中枢作用，推动失业保险稳岗返还等 7 项惠民政策'免申即享'、社保补贴和一次性吸纳就业补贴'直补快办'，惠及 110.3 万人、14.8 万户企业。"重庆市人力资源社会保障局相关负责人表示。

开州区的谢良平是一名返乡农民工，于 2022 年年底返乡。今年年初，谢良平来到长江农民工返乡创业园咨询就业事宜，工作人员向她推荐农民工就业创业服务"一键办"数字化智慧平台。谢良平尝试在平台上办理失业登记，不久，就业部门就打电话询问她的具体情况，并推荐她到重庆市长江职业培训学校参加技能培训。随后，她又在农民工就业创业服务"一键办"数字化智慧平台上参加招聘会，并成功入职光源素广告公司。

重庆市人力资源社会保障局还在川渝标准协同"先行先试"中进行"首试首用"，推动更多服务事项实现"同城同办"，让更多群众享受"试点红利"。试点服务事项累计互办业务 99 万件，在全国率先施行养老保险关系转移资金定期结算，企业职工基本养老保险关系办理时限缩短至 5 个工作日。开展川渝社保卡"一卡通"协同立法，建设社保卡通办服务网点 2 905 个，打造川渝"城市书房"，实现以社保卡为凭证在两地 129 家图书馆通借通还；先行探索遂潼社保卡在交通出行等 4 个领域 23 项功能实现互认互通、协同共享；首次上线 6 项川渝"人才卡"互享服务，让两地群众办事更加便捷。

标准化建设永远在路上。接下来，重庆市人力资源社会保障局将不断深化标准化建设改革，以更多标准化成果助推人社事业高质量发展，让川渝两地群众更多享受到人社服务同城化带来的民生红利。

（李小彤　谢鹏峰）

筑牢法治根基　擦亮为民底色

——四川大力推进法治人社建设工作

"第一名，四川代表队！"

10月27日，在"尊法守法·携手筑梦"2023年人力资源和社会保障法治知识竞赛活动中，四川代表队拔得头筹，以432的总分夺得冠军。

"在法治知识竞赛活动中取得全国第一的优异成绩，是四川人社系统着力筑牢法治根基、全面推进'法治人社'建设取得显著成效的生动注脚。"四川省人力资源社会保障厅相关负责人表示。近年来，四川省人社系统始终践行以人民为中心的发展思想，深入推进温暖人社建设，将全民普法工作作为温暖人社建设的重要载体，努力让人社法规政策惠及更广大群众，在法治轨道上有力推进全省人社事业高质量发展。

厚积薄发，锤炼素养过硬的工作队伍

省厅领导亲自带队，从国庆假期开始了24天特训——对146项法律法规、规范性文件进行精读，线上线下的加油鼓劲，

集训期间体贴入微的服务，参赛临睡前暖心的牛奶……谈到这次比赛的经历，参加比赛的选手和教练备感温暖。

"感谢领队的亲力亲为，感谢人社部门的周到服务。"来自工会的比赛选手、中铁八局集团公司法律合规部合规科科长叶萍说，通过比赛，她从一个人社法律的"初学者"变成了现在的"小专家"。

川军出征，奋勇争先。四川人社系统将此次法治知识竞赛作为检验全省人社系统法治水平和服务群众能力的"试金石"，切实加强组织领导，建立健全工作机制，形成领导统筹抓、业务处室牵头抓、市县两级共同参与的工作格局。

人才储备是备赛的重要基础。近年来，四川持续加强人社系统法治队伍培育建设，精心组织开展"优营商环境·办民生实事"川渝人社演讲比赛、"川渝人社·法治同行"人社法规政策宣讲大赛及全省人社系统学法考法等活动，加之人社、工会系统近年来常态化开展的各类业务技能提升行动，多领域、多层次储备了相关人才。

精心准备跑出了知识积累的"加速度"。根据3名人社系统选手和2名工会、企业选手的不同特点、个体差异，备赛组针对性制订"点对点、个性化"备战计划，集中对他们进行培训、模拟测试、实战演练，让选手适应比赛节奏，感受赛场氛围。同时，组织选手开展心理训练，切实增强选手抗压能力和团队协作能力。

台上一分钟，台下十年功，选手们在赛场上的优异表现，折射出的是四川人社系统多年来在法治宣传教育上的持续发力，尤其是对人社系统干部法治素养的不断浸润。

近年来，四川人社部门在干部队伍中不断强化法治意识培养，通过法治培训、学法考法、述职述法等方式，加强干部法治教育，不断提升运用法治思维和法治方式深化改革、推动发展、化解矛盾、维护稳定、应对风险的能力。"我们近两年持续开展宪法宣誓活动，组织青年干部参与法治人社公益宣传片拍摄等，就是为了增强他们尊崇法治、践行法治的使命感、责任感，这也是提升法治能力水平的前提。"四川省人力资源社会保障厅相关负责人向记者介绍。

良法善治，持续推进人社法治系统化

"比赛只是一种形式，学法普法才是我们的根本目标。"大赛后，泸州市人力资源社会保障局工作人员说，要把本次比赛中积累的政策知识、法治素养带回工作岗位，让普法工作更接地气、冒热气。

近年来，四川省人社部门持续深化载体建设，以推进人社法治系统化。《四川省就业创业促进条例》《四川省工伤保险条例》的颁布实施，立足四川省情"切口"，书写人社法治"华章"；《四川省劳动保障监察执法程序规定》《四川省人社基本公共服务标准化事项清单、服务指南和操作手册》等制度文件的印发,进一步规范劳动保障监察、社保经办等执法标准,为人社业务"保驾护航";明确对重大行政决策、行政规范性文件、重大行政执法决定的合法性审查细则,不断推进人社行政决策的制度化、法治化;结合管理服务推普法、结合执法检查促普法、结合信访接待重普法、结合专项活动强普法的工作模式,普法宣传全方位、多角度,人社法律法规政策的社会知晓度不断提升,办事依法、遇事找法、解决问题用法、化解矛盾靠法的法治氛围逐渐浓厚。

新入职的干部想了解自己的岗位职责,怎么办?群众想了解工作人员是否认真履职,看哪里?四川人社部门通过打造"法治账图",将法、岗、人、事、责紧密结合,法律依据、法律要求和法律责任精准落实到岗位,强化权从法来、事由法定、人必依法、岗必依法。"法治账图,有利于规范行政权力运行,推动了履职行权法治化。"四川省人力资源社会保障厅相关负责人说。

近年来,四川人社系统探索建设"1+N"人社法治宣传教育基地,构建宣传网络,着力发挥法治文化的引领作用和法治宣传的辐射带动作用。同时,开展四川法治人社示范创建工作,在全省法治人社建设中以示范创建指标体系为引,对照体系找差距、促发展,"以评促建",更好地将法治人社建设融入人社事业发展各领域各环节,不断扩展工作深度和广度,努力打造有亮点、有特点、有竞争的法治人社实践。

"立善法于天下，则天下治；立善法于一国，则一国治。""一法一条例"的制定、"一台账一导图"法治账图的推广，让法治人社精神沁润人心。

崇德尚法，不断提升人社法治影响力

法治人社的发力点在于解决人民急难愁盼，落脚点在于增强人民福祉。近年来，四川人社部门通过坚持法治为民，持续推进群众满意的"温暖人社"体系建设，推动人社基本公共服务均等化、便捷化、普惠化发展。

走进大邑县东岳花苑的一站式办事大厅，这里的"面对面"窗口可集中办理城乡居民参保缴费和待遇申领、社保待遇领取认证、灵活就业人员参保登记等业务。东岳花苑是大邑县最大的农民安置区，安置人员达1万多人。为打通服务保障农民工的"最后一公里"，东岳花苑所在的东岳社区打造了"就业招聘＋技能培训＋邮政快递＋金融服务"四位一体的规范化、标准化农民工综合服务站。对于劳动纠纷，社区建立移动仲裁庭，实现劳动纠纷联合多部门"一站式"处置，下沉社区无缝衔接处理。

"我们解决的可能是'小纠纷'，对居民来说却是实实在在的'大问题'。"社区调解员付成洪说。在推动劳动纠纷速裁的同时，社区调解员和网格员还采取多种形式为社区居民进行人社普法宣传。

"以前，社区里就业、社保、劳动维权等问题不少。如今在人社部门的大力支持下，居民可以在社区内办理大部分人社业务，还能学习到人社法治知识。问题少了，群众的幸福指数自然上升。"东岳社区相关负责人说。

东岳社区的变化是四川法治人社走进千万家的缩影。近年来，四川人社部门采用群众喜闻乐见的普法方式，优化人社普法宣传模式，将人社业务与普法宣传有机融合，唱响人社法治"好声音"。根据人社领域不同板块的特点，全省共计开展5 300余次"人社法治惠民行"活动；今年由川渝两地联合开展的普法宣传系列活动吸引了近650万人次参与，社会影响力显著提升；连续5年发布的《四川法治人社白皮书》，汇编人社领域重点、热点、难点行政争议典型案例89件，达到"阅读一个案例、了解一个政策、增强维权意识"的普法作用。

在普法品牌的持续影响下，四川省法治人社工作不断推进，群众满意度不断提升。数据显示，四川省人社行风建设群众满意度第三方测评由2019年的88.03分升至2022年的92.48分。

"人社法治工作将继续坚持以人民为中心的根本立场，坚决扛起法治责任，依法用权、秉公用权、廉洁用权，为增进民生福祉、护航人社事业高质量发展提供法治保障。"四川省人力资源社会保障厅相关负责人表示。

（赵泽众）

打造黔山秀水间最美的"流动风景"

——贵州农民工转移就业工作综述

黔山秀水，多彩贵州。

贵州山水美，而在贵州农民工心里，同样也有一道"流动风景"，就是由贵州各级人社部门倾力规划打造的农民工转移就业、增收致富"幸福图景"。

2022年，贵州坚持政府与市场、省外与省内、线上与线下、培训与就业相结合，以农村劳动力外出务工组织化程度提高到70%以上为目标抓手，稳住岗位、稳住收入、稳住就业大局，取得积极成效。

从"专题会"到"蜂王行动"
——促就业需要点线面都发力

召开专题会研究劳动力转移工作，外出务工村民人数从7.6万人增加至8.3万人，其中有组织劳务输出人数从3 328人增加至10 351人，劳动力家庭就业年收入从3万元增加到3.5万元，这是贵州省望谟县近年来开展"蜂王行动"交出的"成绩单"。

望谟县地处贵州南部，是劳务输出大县，因为当地有养蜂的传统，所以将给他们介绍工作带他们外出务工的人称为"蜂王"。

黄龙之便是该县200多名"蜂王"中的一员。他至今还记得去年6月在望谟县驻广东东莞劳务协作服务站为当时受疫情影响被企业解雇的乡亲们忙前忙后联系工作的情景。虽然当时压力大，但好在几天之后他就联系到惠州一家制鞋企业，解决了滞留在服务站求职人员的出路问题。

黄龙之认为，"蜂王行动"最大的意义就是给在外务工的农民工一个"家"的安全感，让他们在遇到困难的时候能有个依靠。这对于增强农民工就业的稳定性以及增收的持续性有很大帮助。

望谟县已在浙江宁波、广东东莞等主要务工地建立7个劳务协作服务站，为望谟籍外出务工群众提供"全链条"稳岗服务。

在贵州，像黄龙之这样的劳务经纪人还有一大批，像望谟县驻东莞劳务协作服务站一样的驻外劳务协作站点也数量众多，达到234个。他们和省内2 100家人力资源服务公司一起，全年帮助实现就业和流动300万人次以上。

见微知著，贵州省近年来农民工转移就业工作的"触角"不断延伸的背后，有贵州省市县乡村五级就业公共服务体系不

断完善的助推，同时也是贵州各级人社部门推进就业公共服务"标准化、精准化、多元化、智慧化、均等化"所结出的硕果。

早晨送完小孙子上幼儿园，步行几分钟到了位于小区里的扶贫车间工作，一天能挣150元，下班后买菜做饭，饭后陪小孙子在广场玩……作为易地扶贫搬迁群众，这样安稳的生活让盘州市石桥镇妥乐村村民陈志油内心感到充实。

陈志油不出小区就能获得稳定工作机会，这来自贵州省延伸到基层社区的强大就业公共服务体系的保障。在盘州，光是9个200户以上的易地扶贫搬迁安置点，相关部门就设置了11个就业创业服务中心，就业帮扶车间12家，全方位帮助搬迁群众实现就业。

"促进农民工就业工作，既需要政策的引领和推动，也需要各地市人社部门的积极配合和扎实推进，同时还需要基层从事就业工作的一线人员艰辛付出，只有点线面结合好、发好力，才有此项工作的全面提升。"贵州省人力资源社会保障厅相关负责人说。

从"走出去"到"稳下来"
——增收入需要省内外两结合

今年春节过后，载着550多名遵义市务工人员的G1339次列车缓缓地从渝贵铁路遵义南站驶出，直奔浙江杭州。这是贵州省开行的高铁务工返岗专列。

这趟高铁被农民工亲切地称为"免费高铁",因为务工人员的乘车费用全部由人社部门来承担。这既是多年来遵义市在深化东西部劳务合作过程中方便外出务工人员顺利返岗的一个"既定动作",也是贵州省持续深化东西部劳务合作诸多"常规服务"的一个缩影。

与东南沿海地区相比,贵州省一些地市产业结构还相对单一,农民工跨省外出务工还是家庭增收的主渠道。针对贵州省外出务工收入占脱贫劳动力收入70%、占农民收入50%的实际情况,贵州省、市、县人社部门主要领导带队,争取广东、浙江、福建、江苏等务工集中地的支持,通过"点对点"输出、岗位推荐、劳务公司组织等8个渠道,提高组织化程度。

"我是通过劳务输出过来的,因为我会电气焊,现在一个月差不多能拿到8 000块钱的工资,公司还包吃住,挣的钱基本能攒下来。我有一个'小目标',想一年攒下8万块钱给家里。"来自贵州桐梓县,目前在广东省珠海市一家集装箱制造企业上班的徐家强说。

目前,贵州省全省农村劳动力跨省务工580万人,其中脱贫劳动力外出务工343万人,20个重点县脱贫劳动力外出务工135万人。越来越多的农村劳动力像徐家强一样,通过"走出去"实现了人生的"小目标"。

在鼓励农民工走出去实现人生"小目标"的同时,贵州省围绕省内优势产业、重点企业和重大项目,特别是招商引资劳动密集型企业，挖掘更多岗位促就业。同时，在利用国家扶贫促就业的政策杠杆方面，贵州省将中央财政以工代赈资金安排项目劳务报酬占比提高到30%以上，大量没条件外出的农村劳动力实现就近就地就业，增加了收入。在促进农民工返乡就业创业方面，贵州省的"雁归兴贵"计划让22万农民工返回家乡，干事创业，给家乡带来更多促就业机会。

从"订单班"到"双证书"
——强技能需要软硬件都升级

农村劳动力务工，技能是阻碍他们提高收入的短板。如何将这块短板补齐，贵州省各级人社部门以大力实施"技能贵州"行动为契机，围绕新能源电池、大数据、酱香白酒等重点行业企业开展职业技能培训，累计培训63万人次。

"学校依托汽车检测与维修技术、工业机器人、新能源汽车运用与维修等专业，校企共同开办了广汽（即广州汽车）订单班5个，开创了国内大规模跨区域产教融合校企合作的先例。"毕节职业技术学院的官网上发布的《广州汽车集团股份有限公司参与毕节职业技术学院汽车类人才培养年度报告》吸引了该学院师生的目光。在这份报告中，既有企业参与办学总体情况介绍，也有企业资源投入情况说明，更有企业参与教学改革共同开展订单办学、共同制定人才培养方案、建设广汽班实训室等具体举措的介绍。

在贵州省各级人社部门看来，促进农村劳动力就业，尤其是新生代农村劳动力的就业，不能仅仅着眼于找一份能够解决其当下就业的工作，更要着眼长远，从强技能的角度入手，授人以渔，实现稳定就业、持续增收的高质量就业目标。贵州省通过强化校校合作、校企合作，大力开展东西部协作培训，建立像广汽班这样的订单班培训机制，并通过广东省支持开展"广东技工""南粤家政""粤菜师傅"培训577期。

此外，贵州省还通过实施"双证书"行动，充分发挥评价的"指挥棒"作用，强化职业院校培养高技能人才的基础性作用，不但促进了就业创业，还壮大了贵州省高技能人才总量，全省新增高技能人才7.78万人。

（王永）

标准于心　服务于行

——云南积极推进人社领域基本公共服务标准化试点取得实效

彩云之南，天高气爽，阳光明媚。

"现在社保业务咨询、办理那么方便，从公司出门转个弯就行了，工作人员还帮我一步一步现场指导，特别贴心。"刚在"社邮合作"网点办理完业务的严女士感慨地说。

这样的便利源自2021年11月启动的标准化试点。云南省昆明市官渡区人力资源社会保障局首批上线云南人社一体化公共服务平台，实现了社保业务从"分散办理"向"一次办结"转变，从"分险种办理"向"通审通办"转变，从"集中办"向"多点办"转变。通过与官渡邮政分公司充分合作，打造了多个社邮合作服务网点，给办事群众和企业提供便捷、优质的服务。

这是云南省推进人社领域基本公共服务标准化试点取得实效的缩影。被人力资源社会保障部列为人社领域基本公共服务标准化试点单位以来，云南省高位推动试点工作，以高效便民为目标，以标准规范为基础，以信息系统为支撑，有序开展试点工作，推动基本公共服务"均等化、普惠化、便捷化"。

校准标尺，向标准要规范

日前，刚满 60 周岁的张大爷专程来到人社服务窗口，高兴地告诉窗口工作人员："我已经领到了第一笔养老金，没想到现在你们办理业务这么快，真的很贴心。"窗口工作人员笑着回答张大爷："我们现在都是在网上按照统一标准、统一的流程审核资料了，您所有的参保信息在电脑里都能查验到。"张大爷伸出大拇指连连称赞。

标准化，让群众的"烦心事"还能变成"省心事"。

人社领域基本公共服务标准化试点工作是提升人社服务质量的有益尝试。云南省高度重视，坚持高位推动工作模式，成立了以厅主要领导任组长，其他分管副厅长任副组长、厅属 27 家单位主要负责人为成员的试点工作领导小组，全面统筹试点工作。

"厅本级主动扛起试点工作'主阵地'的责任，坚持'上下一盘棋'布局、拧成一股劲统筹推进试点工作。"云南省人力资源社会保障厅相关负责人介绍。为确保试点工作的顺利开展，该省建立形成专班牵头负责、协调联动各处室，合力推进试点工作的机制，对每一阶段的工作都进行了细化，逐一明确任务、时间节点、工作措施、责任单位，分级分阶段落实工作任务，做到人人有责任、层层有落实。

清理事项清单，搭建标准体系框架，是推进试点工作的基础和前提。云南省人力资源社会保障厅制定形成了涵盖公共服务、行政权力和工作管理等业务性质的服务事项清单；搜集梳理了涉及人社领域的法律法规及国家、行业、地方标准，搭建标准化体系框架。

形成一张清单、构建一个体系，让人社部门服务企业和群众的"承诺"更加清晰，为搭建标准体系框架，编制统一规范的服务标准标定了"坐标"，通过流程梳理和再造，进一步校准人社服务的标尺。

优化流程，向标准要效率

张女士是一家代理记账公司的业务员，经常帮客户代办各种证照。

"过去，办理人力资源服务许可证和劳务派遣经营许可证，要准备两套申请材料，分别提交、层层审核、现场勘验，最快也要一两周时间。现在，官渡人力资源社会保障局实行'告知承诺+云勘验'审批，只要企业守信经营并做出承诺，立等可取，十分方便。以前领证前的现场勘验，也改为了审批后的'云勘验'，真正为企业节省了时间和人力成本。"张女士感慨地说。

为了确保编制的标准能贴合工作实际，云南省充分发挥工作专班作用，按照"既要于法周全，又要于事简便"的原则，带动相关责任处室合力抓好标准编制工作。试点工作开展以来，制定了涉及248个服务事项的169项业务标准和1项通用标准，共计70余万字，实现了标准对人社领域基本公共服务事项的全覆盖。

云南人社领域基本公共服务标准化试点工作专班负责人介绍，为了确保标准编制规范科学，专班人员按照业务板块分头起草，一项一项细抠技术要求、一遍一遍过滤业务流程，多次组织处室进行讨论，并面向全省16个州（市）和部分县（市、区）人力资源社会保障局广泛征求了意见。经过反复校正、优化，将248个服务事项进行了统一和规范并形成标准文本，做到结构合理、语言表达准确、术语符号统一、程序合乎规范。

"贴近实际，务求标准更具适用性和现实性，这是贯穿试点工作始终的原则。我们坚持群众需求导向，对所有公共服务事项进行优化，整合服务内容，每个事项力争做到'程序最简、环节最少、效率最高'，尽力方便办事企业和群众。"云南省人力资源社会保障厅相关负责人说。

注重实用性，让标准服务理念进一步生根发芽。目前，云南省人社领域公共服务及行政权力事项中，即办件率达65%，承诺件办理时限压缩率达83%，整体效率提高了22%。

靶向发力，向标准要温度

不久前的一天，小李来到呈贡区吴家营街道为民服务中心，不到 5 分钟就办完灵活就业参保登记。

他感慨地说："第一次办理参保登记，原想着很麻烦，又要跑去社保窗口排队，没想到现在仅带一张社保卡就可以办理了，真的很方便，这个便民服务要多多宣传啊！"

让标准化服务接地气、暖民心，这是云南推行试点过程中不变的宗旨。云南省以试点工作为契机，聚焦群众的所需、所盼、所急，从解决好群众急难愁盼的现实问题靶向发力，积极推进"上门办"、主动推行"免申即办"、全面推动"就近办"、积极开展"省心办"、创新开展行政审批服务、强化推动"网上办"、持续推动"打包办"，探索创新基层调解模式等服务，推动标准有效应用，打造人社服务的"暖心模式"，赢得企业群众的广泛好评。

2022 年，云南省按照"标准化、规范化、信息化"的理念，统筹推进云南人社一体化公共服务平台建设，推动"群众少跑腿、信息多跑路、平台来帮忙"的服务模式。

2022 年 11 月，云南人社一体化公共服务平台建成并率先将社会保险信息系统接入平台在试点地区运行，93 个社会保险事项的服务标准在一体化公共服务平台上办理，实现了机关事业单位工作人员养老保险、企业职工基本养老保险、工伤保险同一业务系统经办。

试点期间,试点地区昆明市通过一体化公共服务平台和"智慧人社"平台上线应用服务标准办理人社业务7.78万件,群众的获得感、满足感、幸福感得到不断提高。

(王宝杰 杨庆瑛)

就业"格桑花"绽放在高原

——西藏自治区推动高校毕业生等重点群体高质量充分就业

就业是最基本的民生。近年来,西藏自治区健全拓展完善企业就业、公职岗位就业、基层就业、灵活就业、区外就业和自主创业"多位一体"就业格局,深刻把握促进高质量充分就业的实质内涵和本质特征,从政府主导就业全面转向市场就业,以强有力、突破性、组合式的政策措施力保就业局势稳定。

2021年以来,西藏城镇新增就业17.8万人,城镇调查失业率控制在5%以内,未发生系统性失业风险。应届高校毕业生就业率保持在95%左右,高校毕业生市场化就业率保持在70%以上,区外就业率维持在10%左右,高校毕业生多层次、多元化的就业局势总体稳中向好。

"组团式"区外就业,为高校毕业生提供优质岗位

社保补贴、生活补贴、住房补贴、区外探亲路费、安家费……这些是区外就业的西藏高校毕业生能拿到的"真金白

银"。2023年，西藏籍高校毕业生区外就业率达到11.1%，高校毕业生"走出去就业"的积极性明显提高。

近年来，西藏先后出台《关于促进高校毕业生就业创业的若干意见》等20余项政策文件，从住房、落户、探亲、子女就学等方面给予西藏籍区外就业的高校毕业生更多的关心爱护，形成了政策集约化、补贴互补式的高校毕业生区外就业支持体系。2021年以来，累计有0.94万名西藏籍高校毕业生实现区外就业，"走出去"就业已成为稳定西藏就业局势的重要渠道，有力促进了各民族交往、交流、交融。

为进一步发掘区外就业岗位，西藏全面加强18个区外就业联络服务站建设，与非援藏省市破冰实施就业援藏工作，主动加强与国家有关部委、援藏省市、援藏中央企业的沟通衔接，争取更多优质岗位，推动就业援藏持续深化。2021年以来，西藏人社部门累计征集发布28万多个就业岗位，其中17个援藏省市提供企业岗位6.95万个，事业单位岗位和公务员岗位0.42万个。同时，创造性开展"组团式"区外就业，建成区外"组团式"市场就业基地30余个，累计吸纳1 040名高校毕业生就业。

舞台已经搭好，平台已经建成。西藏人社部门聚力做好区外就业宣传工作，消除青年人外出就业的后顾之忧。

"就业扬帆 政策护航""宝藏青年""职达高原"……西藏人社系统深入开展宣传活动，采用选树典型到高校现身说法等方式，使毕业生对就业形势有了更清醒的认识。同时，西藏各地大力开展区外就业考察观摩活动。山南、昌都市组织57名区外就业学生家长"组团式"赴湖北、重庆、天津回访考察，通过考察交流，学生家长看到企业和工作岗位，消除了心中的担忧，推动少数民族毕业生在外安心就业、稳定就业、自主创业，让西藏籍各族高校毕业生能"出得去、留得住、干得好、融得进、扎得下"，成为一颗颗紧紧抱在一起的"石榴籽"。

规模化转移就业，拓宽农牧民增收渠道

数据显示，近年来，西藏农牧民工资性收入对人均可支配收入贡献率不断提高。2021年以来，西藏农村居民人均可支配收入由2021年的1.69万元增加到2023年的1.99万元，农牧民人均可支配收入年均增长达11%。农牧民人均工资性收入由2021年的6 086元增加到2023年的6 910元，农牧民劳务收入在城乡居民人均可支配收入中的占比保持在40%左右。

提高就业质量，鼓励劳动致富，始终是西藏人社系统的"主色调"。

近年来，西藏人社系统逐步推动构建"项目吸纳就业、产业带动就业、基地稳定就业、培训促进就业、劳务输出就业、创业扩大就业"机制，推动农牧民规模化组织化转移就业。

2021年以来，农牧民转移就业累计达229.78万人次，实现劳务收入达208.99亿元。

西藏大力支持农牧民群众就近就便参与投资400万元以下、技术较为简单的政府投资基建项目建设，拓宽农牧民就业增收渠道，2021年以来，政府投资项目累计吸纳农牧民转移就业65.71万人次。大力发展劳务派遣公司、劳务合作社、务工联队、劳务经纪人等劳务市场主体，深化就业援藏及周边省市劳务协作工作机制，创造性地在区外开发了一批"夫妻岗""家庭岗""村居岗"。2021年以来，农牧民有组织转移就业累计达146.22万人次，占总人次的65.2%；区外转移就业累计达1.86万人次，其中"夫妻岗""家庭岗""村居岗"3 684个。激发现有农牧民转移就业基地吸纳就业的积极性，重点扶持边境地区农牧民转移就业基地建设，促进边境地区农牧民就近就便就业，将基地打造成为农牧民转移就业的稳定载体、固定渠道，2021年以来，全区共建成农牧民转移就业基地802个，累计带动14万余名农牧民就近就便就业。

同时，西藏全面精准开展职业技能培训。围绕乡村振兴等急需紧缺热点领域，自治区强化就业补助资金、农牧民培训补贴资金、技能提升行动专账资金等管理，面向农牧民、残疾人、退役军人和城镇困难群体开展大规模精细化的补贴性职业技能培训。2021年以来，全区共培训各类技能人员36.77万人，其中"订单定向""以工代训"人数达12.8万人，占培训总人数的 35%，培训后实现就业达 15 余万人，就业率达到 40.79%。

数字化就业服务，有力保障重点群体就业

2021 年，习近平总书记在西藏考察时强调，更加聚焦群众普遍关注的民生问题，办好就业、教育、社保、医疗、养老、托幼、住房等民生实事，一件一件抓落实，让各族群众的获得感成色更足、幸福感更可持续、安全感更有保障。

为推动就业服务精准有效，增强各族群众的获得感、幸福感、安全感，西藏人社系统建立"岗位发布、职业指导、岗前培训、就业见习、精准推介、结对帮扶、跟踪服务"的全流程"不断线"服务机制。全面推进"全流程进系统、全业务实名制、全服务数字化"，各级人社部门依托实名平台开展信息走访摸排，完善实名台账，逐一确认就业状态、学历专业、求职意向，夯实就业帮扶基础。

据了解，西藏实行"1113"就业服务机制，对困难家庭和返贫监测对象农牧民家庭的高校毕业生实行"一人一档""一人一策"针对性更强的就业援助措施，实行干部职工与毕业生"一对一"结对帮扶，实现了有就业意愿的高校毕业生 100% 就业，2021 年以来，全区共有 5 万余名干部与 9.7 万名应届高校毕业生建立结对帮扶关系。针对区外就业高校毕业生，创新开展了"集成化、片区化"服务，安排专人开展岗位对接、政策

咨询、困难帮扶等全方位服务，累计专项帮扶区外就业的高校毕业生2.4万余人次。

西藏大力推进高校毕业生自主创业和返乡创业，在创业指导、创业载体、政策扶持等方面给予支持。多频次开展创业活动，创新服务模式。在西藏籍高校毕业生相对集中的区外高校开展了10期创业培训班，实现创业服务从区内到区外的"零的突破"，累计举办自治区级创业创新大赛2场次。高校毕业生创业技能进一步储备，创业热情进一步激发。全面推进创业载体建设，累计建成13家自治区级创业孵化基地，免费吸纳高校毕业生等创业群体入驻孵化，降低创业门槛。加大政策扶持，出台《西藏自治区高校毕业生创业启动资金支持、场地租金及水电费补贴、社会保险补贴和基本生活费补助实施细则》，给予"真金白银"支持。2021年以来，全区开展创业培训0.42万人，成功创业0.78万人，带动就业0.99万人，累计发放创业担保贷款1 614万元，惠及高校毕业生80人。"大众创业、万众创新"的社会氛围愈加浓厚。

同时，为精准有力保障重点群体就业，西藏投入使用全区一体化智慧化招聘平台，深入开展就业援助、稳岗扩岗、失业动态监测和残疾人专场招聘等专项工作，建立健全"零就业家庭"登记台账管理制度，确保"零就业家庭"动态清零。2021年以来，全区累计举办各类招聘活动2 519场次，4.36万家企业提供就业岗位54.91万个。累计向9 618家企业发放稳岗返

还和一次性扩岗补助资金1.88亿元,稳定就业岗位24万个,扩岗补助惠及人数达7 942人。累计动态消除城镇零就业家庭213户,牢牢守住了民生底线。

(畅育辉)

就业饭碗端牢　风景这边独好

——陕西全力推进劳务品牌建设

八百里秦川，千万里江山。

从黄土高原到秦巴山区，初冬时节的三秦大地，寒意渐浓。

2023年12月来到陕西，见到的不是冬季的萧瑟，而是全省上下通过打造劳务品牌实现就业增收的喜悦，是三秦儿女的日子越过越红火的场景。

西安蓝田，著名的"中国厨师之乡"和"陕菜之乡"，无数蓝田厨师凭借一把炒勺走南闯北，不但搅香了世界，也让无数"勺勺客"搅出"金饭碗"。

宝鸡凤县，"凤县麝工"立足实际发展林麝养殖，用"软黄金"麝香铺就了新时代致富路。

渭南澄城，一碗汤清、肉鲜、味香、饼酥的水盆羊肉变身"聚宝盆"，丰富了一方饮食，鼓起了群众的"钱袋子"……

今年5月，习近平总书记在听取陕西省委和省政府工作汇报时强调，陕西在推进中国式现代化建设中要有勇立潮头、争当时代弄潮儿的志向和气魄，奋力追赶、敢于超越，在西部地

区发挥示范作用。

殷殷嘱托化作前行动力,陕西人社部门紧紧围绕高质量发展这个首要任务,全力推进劳务品牌建设,绘就新时代陕西高质量就业创业新图景,让这片古老的土地涌动无限生机与活力。

品一方文化,树特色品牌

"面要薄筋光、汤要煎稀汪、味是酸辣香。"岐山天利花酒店,一场培训正在开展。

培训老师郝忠平,今年52岁,是宝鸡天利花酒店的负责人,也是劳务品牌"西岐名吃"代言人。

从事餐饮业30多年,各种"西岐名吃"的制作已是信手拈来。一说到臊子面,不善言辞的郝忠平打开了话匣子。

"陕西人爱吃面,面食种类繁多。但在关中,岐山臊子面最为有名。一碗热腾腾的臊子面自古以来就是各地婚丧嫁娶、逢年过节必不可少的美食。"

经过多年发展,岐山臊子面不仅是餐桌上的一道美食,更是带动当地县域经济发展的新引擎。

以最负盛名的岐山臊子面为依托,岐山县人力资源社会保障局嵌入擀面皮、油酥锅盔、酥饺等特色名小吃,打造"西岐名吃"劳务品牌,做大"一碗面"经济。

一子落,满盘活。小麦种植、面粉加工、臊子制作、香醋产品加工企业在岐山遍地开花。如今,除了每亩每年流转土地约 800 元的收入，附近的村民还有了家门口就业的好去处。

家住岐山的董荣霞今年 32 岁，大学毕业后也曾外出打工。现在在县里的岐品福食品公司上班，负责臊子面生产线加工。

"两个娃都在县里上学，我就在家门口上班，每月能赚 3 200 元不说，还能照顾孩子。"董荣霞笑着说。

"以'西岐名吃'为代表，近年来我市积极创建培育了 20 多个特色劳务品牌，有效促进高质量就业创业和县域经济发展。"宝鸡市人力资源社会保障局相关负责人表示。

2022 年，"西岐名吃"累计吸纳从业人员 9.3 万余人，1.6 万人自主创办企业，发展食品加工企业 500 多户，累计产值 158 亿元，约占岐山县第三产业产值的 55%。

不只是臊子面，许多陕西传统美食在填饱肚子之外，都逐渐让一方百姓端稳了就业饭碗，澄城水盆羊肉亦是其中之一。

切肉、打馍、熬制……一大早，古方澄城水盆羊肉店内，师傅手指翻飞之间，一份份水盆羊肉制作完成。

对澄城居民而言，早上起来吃一碗水盆羊肉，再配上两个月牙馍，一整天身上都是暖和又妥帖。

近年来，澄城水盆羊肉也成为深受周边地市消费者喜爱的特色小吃，仅在西安、渭南、宝鸡、咸阳，水盆羊肉门店就开设了 500 余家。

精准把脉当地特色，澄城县推出"澄城水盆技师"劳务品牌，鼓励有就业创业意愿的劳动者从事澄城水盆羊肉事业，开

展种植、养殖、烹调、销售、创业全流程培训,主动将服务嵌入水盆羊肉制作全链条,带动就业创业。

"三秦味道"香飘四方,"三秦家政""三秦技工"等"三秦系列"特色劳务品牌也走向全国:"富平怀德家政师""凤县麝工""蓝田厨师""武功绣娘"……陕西省结合区域经济社会、历史传统、地方特色和劳务经济发展,目前共培育劳务品牌90余个,创建引领单位100余家,劳务品牌带动高质量就业创业的蓝图已绘就。

学一技之长,助就业无忧

"要找蓝田乡党,大小衙门厨房。凡是冒烟的地方,就有蓝田乡党。"在西安蓝田,这句古语流传至今。

位于秦岭北麓的西安蓝田县,多山少平地,历史上许多无法从事农业生产的蓝田人只能另寻出路。久而久之,一把炒勺闯天下的"蓝田勺勺"享誉天下。

蓝田国家特级厨师王涛对此深有感触:"1989年我16岁,独自一人背着蛇皮袋到西安学艺,从最基本的洗碗开始做起,吃了无数苦,终于才算是学有所成。"

现在的蓝田娃,不再需要为了学习厨师技艺背井离乡。想学厨师,直接到县里的学校,不但有名师指点,就业也无须担心。

"过去蓝田人通过传统的帮带叫响了'蓝田厨师'的招牌,

但以前的亲邻帮带已经不能适应当下发展。打造好'蓝田厨师'劳务品牌，当务之急是要建立培育长效机制，进一步将'蓝田厨师'品牌做大做强。"蓝田县人力资源社会保障局相关负责人告诉记者。

品牌振兴，人才先行。2021年，蓝田县成立蓝田厨师学校，配备名师名厨等顶尖师资，配合建立大师工作室，对学生们倾囊相授、手把手带教。

"近期，学校招收的第一届学生进入实习阶段。我们从具有强烈招聘意向的50多家五星级酒店中挑选了28家来校进行招聘，学生可以说是供不应求。"蓝田厨师学校校长任宏涛说。

前几天，由西安人力资源社会保障局带队，蓝田学校相关负责人等到苏州看望顶岗实习的学生。"酒店对我们的学生非常满意，希望将来他们能够留在酒店工作。"任宏涛十分自豪。

加强劳务品牌建设，以培训提技能，让劳动者的就业饭碗端得更稳、收入更高，是全省上下凝聚的共识。

渭南市富平县艺德家政技能培训学校内，一场家政人员培训正在进行。台上，培训讲师边讲解边示范；台下，来自富平县各个村镇的学员聚精会神听讲。

接着往里走，开放式厨房、育儿室、模拟家庭和病房……母婴、养老、家政培训等教学设施一应俱全。

建设好"富平怀德家政师"劳务品牌，富平县人力资源社会保障局将技能培训作为重要抓手。积极整合培训资源，不断

创新培训模式,逐步形成了"家政技能培训、技能等级认定、品牌连锁运营、劳务品牌打造、家政创业孵化"的发展模式,有效拓宽了当地妇女的就业路。目前富平县有家政培训学校8家,家政从业人员2.5万人,年创劳务收入13.5亿元。

"我们的很多阿姨都是通过做家政赚了钱,在县里买车、买房。现在有了政府支持建设'富平怀德家政师'品牌,主动来报名参加培训的人更多了,我相信将有更多'富平怀德家政师'能用双手挣出新生活。""富平怀德家政师"形象代言人许静信心满满。

兴一方产业,换乡村新颜

山林茂密,环境清幽,一条小溪自门前不远处缓缓流过。从宝鸡开车近3个小时,一路蜿蜒,记者终于来到了凤县留关镇沙江寺村陈树民家中。

尚未坐稳,陈树民的手机便开始响个不停。

作为远近闻名的林麝养殖大户、陕西省林麝养殖第一人,陈树民自创了林麝"剖腹产",摸索出林麝配种、繁育、取香等技术,是远近闻名的"土专家"。遇到林麝养殖的问题,附近的村民总是要找他去看一看。

身处秦岭腹地的凤县是有名的山区县,交通不便,没产业,收入低。前些年,年轻人都出去打工,没人愿意留下来。

这几年,村里逐渐热闹了起来,不但家家户户搞养殖,年轻人愿意回村发展了,甚至还有吉林、内蒙古等地的年轻人主动扎进村子里学技术。

原因是什么?立足本地资源优势,凤县大力发展林麝人工养殖产业,打造"凤县麝工"劳务品牌,引进北京同仁堂、片仔癀、四川逢春等知名药企建立养殖基地,村里产业旺,人气自然旺。

陈树民的儿子陈凯今年34岁,早年在外干建筑,开过塔吊、装载机,任凭父亲劝说,不愿意回村发展。前几年,看到县里的好政策,陈凯下定决心回村养林麝。

如今,陈凯在村里开起了林麝养殖公司,不但自己养,还和村集体、村民合作,进行代养、寄养、合养,搞得有声有色。

凤县瓦房坝村村支书王芳算过一笔账:"一头雄性林麝每年产麝香约15克,一克就能卖400元。雌性林麝一次就能产两个崽,一个崽就差不多3万块。只要肯干,一年下来收入几十万不成问题。"

享受县里的林麝养殖贷款优惠政策,王芳和爱人一起贷了款,养了约20头林麝,日子的奔头越来越足。

树一个品牌,富一方百姓,助乡村振兴。在"凤县麝工"劳务品牌引领下,凤县初步培育形成饲料加工、饲养、疫病防治等实用技术体系,带动3 000多户共1万余人就业,年人均增收2 350元,凤县也被评为陕西省"万企兴万村"行动典

型县。

"今年，我们出台了《陕西省劳务品牌培育工程实施方案》，增加品牌资金投入，引导带动市场主体积极投入劳务品牌的培育创建中。到'十四五'末，力争全省成功培育10个以上全国知名劳务品牌，认定20个以上省级、40个以上市级、100个以上县级劳务品牌，基本实现'一县一品牌'。"陕西省劳务交流指导中心相关负责人表示。

在未来的劳务品牌创建方向上，陕西将围绕就业容量大的领域培育创建高品质服务型、中高端技能型、文化和旅游类、民生保障型等特色劳务品牌，助推陕西劳务品牌提档升级，推动劳务品牌资源共享，带动更多劳动者就业创业。

（周凌云　李婧　吴卓昊）

开进民心的"直通车"

——甘肃着力解决群众急难愁盼打造高质量人社服务

这是一趟"高速的列车"。当场能解决的问题就地化解、绝不拖延。不能当场解决的，也会现场指明办事路径。

这是一趟"温暖的列车"。办事群众感受到的不仅仅是春风化雨的态度，更能感受到工作人员感同身受的同理之心。

这更是一趟"直抵民心的列车"。不转移问题，不推诿扯皮，"列车"驶过，不管是企业还是普通群众，他们的急难愁盼被一一攻克，架起了政府和群众的"连心桥"。

2022年2月，甘肃省人社系统深入贯彻党中央关于深化"放管服"改革决策部署，经过深思熟虑的科学酝酿，为民办实事的改革大幕徐徐拉开：105趟"为民服务直通车"从人社系统"驶出"，开进企业、驶向群众。一年来，"直通车"累计解决急难愁盼事项1 387件，提供咨询超过34.6万件，办理业务超过28万件。

以民为本的"直通车"开进了老百姓的心窝窝。方宇人力资源有限公司总经理李红娟频频点赞："政府应该大力推广这样

的'直通车'!"

"连横合纵"确保"有问必答"

"事业单位职称评定""核查工龄及缴费年限,重新计算养老待遇""服刑期间工资及优抚金问题""退休人员要求重新核定工龄""拖欠工资问题"……

这是甘肃省金昌市人力资源社会保障局"直通车"台账中,"反映事项"一列列出的办结事项明细。

从这些已办结的事项不难发现,经过近年来大力加强行风建设,大力推动信息化发展,人社服务不断整合规范、统筹治理,群众办事难、材料繁、跑腿多等问题已逐步得到解决。不容忽视的是,随着人员流动增加,很多劳动者的工作经历和履历趋于复杂,一件事情看似属人社部门职能范畴,但其背后是历史问题、多部门职能交叉问题,是需要跨部门、跨地域、跨层级沟通协调的问题,并不好解决。

2022年,甘肃省人力资源社会保障厅相关负责人在充分调查了解用工单位和人民群众办事需求后,提出要从机制上进一步解决人社职责领域"时间跨度长、涉及部门多、协调难度大、关乎群众切实利益"的急难愁盼问题。

在吸收其他地方创新做法的基础上,甘肃省人力资源社会保障厅以系统思维破局,将厅内循环升级为系统共抓,实行省、市、县齐头并进,强化统筹调度;梳理人社内部关联业务部门和外部关联部门业务，强化部门沟通协同。通过服务直通办理，创新解决急难愁盼问题。

据了解，甘肃省各级人社系统都成立领导小组，组建工作专班，调配骨干力量，通过横向上加强与其他部门协作联动，纵向上各级人社部门协同发力，构建了横向到边、纵向到底的调度机制。

经过精心设计、周密部署，2022年2月，甘肃省、市、县三级人社为民服务的105趟"直通车"始发。

当人们得知"直通车"将会解决跨部门单位、地域界限、行政层级问题后，这趟"列车"甫一亮相，就受到社会热切关注。

2022年3月初，刚刚"开张营业"，金昌市人社为民服务"直通车"就迎来了第一单。马玉平、刘国财等人退休在即，但是他们临时工工作期间劳动关系确认等问题遇到了麻烦。这是金昌市台账记录在册的第一条工作记录：马玉平、刘国财在1985年5月至1989年12月临时工工作期间劳动关系和补缴社会保险费问题没有规范记录。"因年代久远，原工作单位撤、并、转等原因造成他们劳动关系确认困难。"金昌市人力资源社会保障局相关负责人回忆起当初局班子会上讨论该事项的情景时说。经研究，局班子决定由仲裁科处理解决，并要求7日内办结。3月17日，工作人员回访得知，马玉平、刘国财二人的问题已经妥善解决。

难题迎刃而解,"直通车"在百姓中开始口口相传。

甘肃酒泉祁峰建化有限公司注册地在酒泉,但经营地在嘉峪关,该公司计划财务部部长郝婧是"直通车"的"老顾客":"针对异地办事,'直通车'都是有问必答,业务办完还会电话回访。"

"'直通车'的运行机制确保了群众面临难题不再推诿扯皮,闭环管理确保了事事有回音、件件能落实。"兰州市政府负责同志说。运行一年多来,百姓深刻感受到改革带来的崭新体验、政府治理效能的有力提升,切实享受到改革带来的获得感、幸福感。

"对症下药"化解急难愁盼

为民服务"直通车"的初衷是解决群众的急难愁盼问题。"直通车"采取"联动会诊、望闻问切"。"运行一年多来,办事群众的感受不仅仅是能办成事,而且运行效率高,真正做到了急事能快办、难事能解决、愁事能破解。"白银市政府负责同志说。

2022年12月,李红娟遇到了件急事儿。方宇人力资源有限公司拓展业务,打算在阿克塞县申请人力资源服务许可证和劳务派遣经营许可证,但因为种种原因,证照没有及时办结。而李红娟打算进行的招投标工作就要启动了。"时间紧急,朋友推荐找'直通车',我也是抱着试试看的态度求助了'直通车'。"令她感动的是，县人力资源社会保障局"直通车"工作人员和她一起到市场监督管理局窗口，全程陪同办理。"一天之内，营业执照、人力资源服务许可证、劳务派遣经营许可证全部办结！"李红娟连连赞叹，"怎么方便怎么来，为企业节省了大量的成本，办事效率非常高！"

"直通车"运行以来，人社部门遇到了很多跨部门的业务，每当这时，人社部门总会不遗余力沟通办理，即使不能直接处理，也会指明办事路径。"生育保险属于医疗保障局职能范围，住房公积金属于住房城乡建设（规划）部门职能范围，可通过以下方式联系……"这是甘肃省人力资源社会保障厅"直通车"工作人员周鑫在回复来自"厅长信箱"转来的待办事项时的留言。

2023年3月1日，兰州市"直通车"收到来自民航西安医院人力资源部的一封感谢信。

原来，去年12月，民航西安医院有7位曾在兰州工作过的劳动合同制工人即将退休，但这些人员1999年6月之前在兰州市缴纳的养老保险费并未及时转入西安市，无法认定工龄。由于疫情影响，不便前往兰州实地办理业务。工作人员接到电话，在了解两地政策差异后，一直跟踪此事。"我们多次与民航西安医院人力资源部及西安市人力资源社会保障局养老保险处沟通，终于帮助这7位劳动者顺利办完退休手续。"兰州市人力资源社会保障局相关负责人一直关注此事。

白银市在梳理一年多来"直通车"受理的业务时发现，对

于用人单位和劳动者来说，比较难办的大多集中在养老保险业务上。白银市人力资源社会保障局相关负责人说："养老保险追溯性比较强，政策的特殊性比较多，人员流动多之后，情况变化也比较多，可能就会成为难办的事情。"再难办的，"直通车"也会想方设法妥善化解。白银市"直通车"的工作人员说，"直通车"受理之后，一般7个工作日内都会得到解决。

对此，李元清的感受很深。李元清就职于八冶建设集团，2022年10月要办理退休手续，但他年轻时在厦门工作时养老保险基金尚未转移到甘肃。"我当时特别着急，就找了'直通车'，没想到一个礼拜就办好了！"李元清说，"'直通车'办事快，而且还很热情。"

对症下药，高效解决。这是老百姓的普遍感受。是什么样的机制保障了高效率？甘肃省人力资源社会保障厅相关负责人如此解读：厅领导包抓督办、专班强力推动、定期分析研判，建立工作、岗位责任、协调联动、急难愁盼事项办理、日调度周报告月总结五项制度。"办理过程中，优化完善了盯办、督办、回访、销号全程闭环跟踪落实机制，确保事事有人管、件件有落实。"

驶向未来描绘高质量服务新图景

"直通车"不仅啃掉了"硬骨头"，解决了"疑难杂症"，还带来了甘肃省人社服务水平的整体升级，更为甘肃省人社事业高质量发展提供了契机。

——继续延伸，线上服务多样化，线下服务向基层。被称为"直通车车长"的甘肃省人力资源社会保障厅人事处相关负责人介绍，甘肃省人社部门将105个省、市、区三级人社"直通车"电子地图信息标注，帮助企业和群众快速准确获取办公地址、联系电话等信息，让老百姓办事可查可找。"直通车"开进了直播间，面向网友解读政策、回应关切，让干部为人社好政策"带货"。金昌市人力资源社会保障局正在筹划将"直通车"开进人口密集的社区，延伸到群众身边"最后一公里"，正如金昌市政府负责同志所说："让人社为民服务'直通车'为基层综合治理提供更多的好经验。"

——"直通车"为优化政策和宣传政策提供了来自基层一线的信息和需求。据介绍，每个月各"直通车"都会认真梳理当月受理的高频业务事项，供政策制定部门分析到底是政策制度不完善造成的，还是办事机制不畅形成的，抑或是政策宣传不充分、老百姓知晓度不高造成的。针对不同原因做出相应安排。政策不完善的就尽快调整政策；办事机制不畅通的则进行流程再造；如果是宣传不到位的，政策宣传手段会及时做出调整。甘肃省人力资源社会保障厅督查处相关负责人介绍说，每隔一段时间，根据反馈的热点，甘肃省人力资源社会保障厅的官网、官微会调整推荐的政策和解读，主要做政策解读的视频平台"甘肃人社通通"的政策"直通车"选题也是围绕当期热点来选定话题。

——"直通车"为提升干部的综合能力提供了平台。"直通车"的工作人员犹如医院全科门诊的大夫，要求是人社"知识通"。"甘肃省人力资源社会保障厅要求，每个科室的业务骨干都要在'直通车'工作一段时间，刚进入人社部门的年轻人，也必须到'直通车'历练，干中学、学中干，通过倒逼机制，让年轻人尽快熟悉业务。"甘肃省人力资源社会保障厅办公室相关负责人说，希望让"直通车"能成为干部成长的摇篮。

这场刀刃向内的改革，推动甘肃省人社系统初步实现了从权力部门到民生部门、从审批管理到服务保障、从厅内循环到系统共抓、从群众上门到直达服务、从被动接访到主动化解、从能过则过到精益求精的"六个转变"，助力人社治理能力有了明显提升。

（武唯　杨峰）

打好政策组合拳　夯实就业压舱石

——青海奋力推进高质量充分就业

"将招聘会办在夜市里感觉很新鲜，我是第一次参加。感觉人流量比较大，可以让更多市民了解我们，对塑造企业形象有非常大的帮助。"天合光能（青海）晶硅有限公司招聘专员李慧说。2023年以来，青海省巧用市井"烟火气"为就业服务"聚人气"，为求职者找工作、用人单位招人才搭建全新平台，更好满足省内重点企业对各类人才的需求，让公共就业服务更接地气。

就业，一头连着万家灯火，一头连着经济大局。青海省人力资源社会保障厅深入学习贯彻党的二十大对就业工作的新部署、新要求，强化政策支持，加强技能培训，加大政策宣传力度，激发就业创业活力，着力推进高质量充分就业。

强化支持推动，打出政策"组合拳"

青海省人力资源社会保障厅坚持把"稳就业、保就业"作为重大政治任务和头等大事，报请省政府出台《就业提质增效行动方案》《优化调整细化实化稳就业政策措施全力促发展惠民生若干措施》等一系列文件，促进就业形势稳定。特别是《优化调整细化实化稳就业政策措施全力促发展惠民生若干措施》紧密结合最新就业形势，重点从四个方面明确了18项具体措施，提出了10项含金量较高的提质扩围、惠企利民政策。

稳就业，关键在稳企业。青海突出助企纾困发展，持续实施社会保险援企稳岗等政策，截至2023年11月底，通过"免申即享"，3.3万户企业享受失业保险降费减负5.73亿元，4.1万户企业享受工伤保险降费减负2.53亿元，进一步夯实稳就业的基础。强化重点企业用工保障，会同发展改革、工业和信息化等9部门持续加强用工服务保障，提出重点企业用工服务保障5类19条措施，打出稳岗留工政策"组合拳"。充分发挥省、市、县三级协调联动保障机制，设立"人社服务专员"岗位，推出"一企一策"服务，为全省20户重点企业提供用工1.46万人。

截至2023年11月底，青海省城镇新增就业6万人，农牧区劳动力转移就业110万人，提前完成年度目标任务。

加强技能培训，提供促进就业"助力器"

给粉嘟嘟的模具"小婴儿"穿衣、拍嗝、按摩四肢……在青海省海东市平安区就业服务局组织的中国妈妈——"爱心月嫂"女性赋能培训课上，学员们围坐在一起，学习新生儿照护课程。

据平安区就业服务局相关负责人介绍，此次培训分两期，学员食宿、培训均免费，每期培训时间 16 天，参加培训的妇女有 100 多人。学员们通过培训和实操课掌握从事月嫂工作所必备的职业技能，考试合格的学员拿到了结业证书，考试合格率达 95%。

为帮助学员们尽快通过所学知识和技能实现就业增收，结业当天，平安区就业服务局为她们专门组织招聘双选会，来自西宁市、海东市的 5 家用工企业参加了现场招聘活动，有 46 名学员与家政服务企业签订了就业协议。

"多措并举实施技能帮扶，有针对性地帮助重点群体掌握一技之长，促进其就业创业。"青海省人力资源社会保障厅职业能力建设处相关负责人说。青海正在努力构建全省农牧民技能培训体系，通过技工教育和职业技能培训相结合，加强技工院校建设，鼓励各地根据实际需求设立民办职业培训学校，支持职业院校参与农牧民职业技能培训，不断完善农牧民职业教育体系。2023 年以来，已组织开展农牧民补贴性技能培训 10 万人次，进一步夯实了全省稳就业基础。

加大政策宣传，送出服务"大礼包"

"感谢乐都区人社部门，帮助我申请创业贷款，才有了现在

的润田饲料厂。"青海大学毕业生袁存明说。2020年，袁存明大学毕业后回到家乡青海省海东市乐都区雨润镇羊圈村，他发现饲料市场前景广阔，于是萌生了创业的想法，但是缺少启动资金。乐都区人力资源社会保障局了解到此情况后，向其介绍了创业贷款政策，并推荐信用联社为其贷款，使其成功创办乐都润田饲料厂。

青海省人社部门深入推进"12+N"公共就业服务系列活动，持续开展直播带岗，并通过门户网站、微信公众号、主流媒体等平台，广泛发布高校毕业生创业政策清单，大力宣传创办领办新型经营主体政策措施和创业青年先进典型。积极开展"公共就业服务进校园"、高校毕业生就业创业政策宣讲等系列活动，不间断地为高校毕业生送政策、送岗位、送培训，努力提高促进高校毕业生就业政策的知晓率。

全省各地抢抓时间窗口，千方百计为毕业生拓岗位、促就业。以2023年高校毕业生等青年就业服务攻坚行动为牵引，落实促进高校毕业生就业政策，积极拓宽就业渠道，鼓励和支持高校毕业生到企业、到基层就业、自主创业和灵活就业。

做好1 850名"三支一扶"大学生招募工作，鼓励大学生到基层去锻炼提高。落实国家百万就业见习岗位募集计划，募集见习岗位2 700多个。

积极落实"1131"就业帮扶，即至少提供1次政策宣介、1次职业指导、3次岗位推介、1次技能培训或见习机会。截至

2023年11月底，青海省高校毕业生登记就业率达到89%。

打造劳务品牌"金名片"，激发带动就业"新动能"

"蓝师傅社区便民服务"是西宁市培育的优秀劳务品牌，以解决社区居民服务需求和就近就业为切入点，通过把农村富余青壮劳动力培养成家政服务产业工人，重点发展蓝领师傅培训。

"目前，城中区有500余个小区，其中老旧小区占了50%，这些小区物业普遍仅设1名保安、1名保洁，服务能力也远远不能满足居民需求。"蓝师傅社区便民服务平台负责人李仁伟表示，社区便民服务具有巨大发展潜力，过去一年，平台与互助土族自治县家政服务业协会签订服务商入驻协议，引入100余位互助家政服务人员入驻，完成服务订单3 000余单，增加农民收入超过30万元。

青海积极引导各方力量，落实好《青海省劳务品牌建设的实施意见》，持续扩大劳务品牌影响力，提升现有劳务品牌的商业价值和综合效益，帮助数以千计的农民工实现高质量就业。

2023年，青海省通过央视平台推介"土族盘绣""青海拉面""枸杞采摘"等劳务品牌，超150万人在线观看直播，进一步扩大了劳务品牌的知名度和美誉度。同时，积极引导行业协会发挥作用，指导从业群体树牢品牌意识、建立行业标准、增加文化内涵，壮大一批龙头企业，带动上下游产业协同发展，提升现有劳务品牌的商业价值和综合效益。以西宁为例，已累

计培育"大通生态旅游""丹噶尔绣娘"等5个叫得响、立得住的省级劳务品牌,通过打造市场化、产业化、特色化的特色劳务品牌,助力农牧民就业更加稳定、收入更高。此外,青海为4 854名符合条件的脱贫人口兑现一次性交通补助484.6万元,进一步促进了农牧民就业增收。

青海省就业部门还以打造零工驿站为引领,积极推进零工市场建设、拓展零工就业服务。目前,全省共有各类零工市场近30个,日均求职规模2 000多人,日均实现求职近1 000人。随着西宁、格尔木等地零工驿站投入使用,打零工群体告别了往日在路边风吹日晒的谋生方式,有了求职的"温暖港湾"。格尔木零工驿站还从解决就近就业不便入手,打造"亲民、实用"的零工驿站,满足灵活就业人员、残疾人和大学生等不同类型求职者的个性化需求,切实打通了服务群众的"最后一公里"。

(闫光明)

养老钱水涨船高　托起幸福晚年

——宁夏加快推动城乡居保事业高质量发展

仲夏时节，下午五点，宁夏回族自治区灵武市东塔镇黎明村九队队长纪旭东干完农活，跨过穿村而过的秦渠，在本村便民金融服务点使用社保卡支取出200元养老金。

纪旭东今年61岁，在全村89名60岁以上领取养老金待遇人员中，他领取的养老金第二多，每月有468.02元，这让纪旭东脸上有光。"参保以来，我选择过100元、200元、500元、1 000元、3 000元缴费档次，缴得越多，政府补贴越多，个人领取的养老金越多。"纪旭东心里跟明镜似的。

近年来，宁夏不断巩固和完善城乡居民基本养老保险（简称城乡居保）制度，将调整待遇工作列入自治区为民办实事序列，持续提升基础养老金水平。城乡居民基础养老金从2011年制度建立之初的55元增加到目前的261元，增长375%，待遇水平逐步提高，群众幸福感、安全感显著增强。

"七年提标计划"

"2011年,宁夏在全国率先将'新农保''城居保'合并,建立'一制十二档'城乡居民基本养老保险制度,2017年又率先将十二个缴费档次优化调整为六个缴费档次。"谈及自治区城乡居保制度初期运行状况,宁夏回族自治区人力资源社会保障厅社会保险事业管理局相关负责人表示,2011—2017年,在国家上调待遇的基础上,宁夏城乡居保基础养老金先后4次上调,累计提高50元。

老有所养是重大民生工程,上调基础养老金,是以人民为中心思想的生动体现。2018年以来,宁夏建立城乡居保待遇确定和基础养老金正常调整机制,实施"七年提标计划",2019—2025年每年上调基础养老金5元/月。

"2023年,宁夏将调整待遇工作列入自治区为民办实事序列,增加资金投入5 575万元,提高基础养老金10元/月。此次调整是落实'七年提标计划'的第五次调整,也是制度建立之后宁夏第十次调整基础养老金。"宁夏人力资源社会保障厅养老保险处相关负责人表示。

为兜牢特殊群体"底线",宁夏对低保对象、特困人员等六类缴费困难群体,由政府代缴部分或全部最低缴费档次的养老保险费,并享受30元财政补贴。2023年,宁夏符合条件六类困难缴费群体参保14.5万人,代缴费1 160万元。

目前，宁夏城乡居保参保人数 233.7 万人，领取待遇人数 48.56 万人。随着城乡居保全覆盖并稳健运行，养老保障资金投入渐进增加，资金支撑力度持续增大，2023 年从中央到地方各级财政在城乡居保缴费"入口"补贴支出 1.12 亿元，养老金发放"出口"补贴支出 14.82 亿元，两项共计 15.94 亿元。

压实责任同步调

灵武市是银川市代管县级市，也是全国综合实力百强县市，人口 29 万人，城乡居保参保人数 7.86 万人，待遇领取人数 1.18 万人。

"2022 年，灵武市城乡居保人均养老金 318 元，基础养老金每人每月 280 元，其中中央财政承担 98 元，自治区财政承担 82 元，灵武市财政承担 100 元。"灵武市社保中心相关负责人介绍，2022 年灵武市落实各类城乡居保财政补助资金 3 964 万元，其中，中央财政 1 283 万元、自治区财政 1 444 万元、灵武市财政 1 237 万元。

建立各市、县（区）政府筹资和责任分担机制，是宁夏城乡居保一大特色。各级政府建立与经济发展水平、居民收入、物价水平、GDP 总量、公共预算收入支出财力等关联的因素、系数指标来确定（基础养老金）调整数额，形成城乡居民基础养老金待遇水平随经济发展而逐步提高，确保城乡居民更好享有经济社会发展成果。

"各级政府在中央和自治区上调的基础上均不同程度提高本地基础养老金，同步发挥财力保障能力，形成了城乡居保责任分担、基础养老金资金结构多元格局，建立各市、县（区）政府筹资和责任分担机制，各级政府在中央和自治区调整的基础上均不同程度提高本地基础养老金50～140元。"宁夏回族自治区人力资源社会保障厅相关负责人表示。

固原位于宁夏南部，是宁夏五个地级市之一，也是唯一的非沿黄城市。截至2023年6月底，固原市城乡居保参保人数达71.51万人，60岁以上符合领取城乡居保待遇人数达14.4万人。

"固原市始终把提高城乡居保待遇水平作为一项民生工程来抓，在保障老年居民基本生活、调节收入分配、促进社会和谐稳定方面发挥减震器、稳压器作用。"固原市人力资源社会保障局相关负责人表示。

据介绍，固原市将调整城乡居民基础养老金待遇工作列入民生实事之中，实施城乡居民收入提升行动，市、县（区）克服经济下行压力加大、财政增收减少的困难，多方筹措资金，落实城乡居民基础养老金配套提标政策，积极协调建立完善城乡居民基础养老金正常调整机制，不断提升城乡居保待遇水平，确保及时足额发放到位。

"固原市各县（区）人社、财政、民政等部门强化协调联动，全力做好基础养老金、个人缴费档次、政府补贴等标准的测算调整，落实配套资金，做好数据比对和各项业务衔接，确保按时足额发放。"固原市社保中心相关负责人表示。

近年来，固原市采取"小步快跑"方式，不断提高城乡居民基础养老金，坚决兜牢民生底线，为巩固拓展脱贫攻坚成果、助力推进乡村振兴战略作出社保贡献。

"目前，固原市城乡居民基础养老金年人均达到2 652元，占农村居民年人均可支配收入的18.7%，有力保障了城乡居民的基本生活，人民群众的获得感、幸福感、安全感不断增强。"固原市人力资源社会保障局相关负责人说。

多措并举"激励调"

为建立多缴多得和缴费补贴激励机制，宁夏动态调整缴费档次，将最高档次提升至3 000元、配比财政补贴达320元。同时，宁夏健全长缴多得机制和高龄人员倾斜办法，缴费满15年以上，每增加一年缴费，每月增加基础养老金不少于2元；对65周岁、70周岁、75周岁和80周岁人员分别每月加发养老金2元、4元、6元和8元。

"宁夏允许参保人员在同一年度内多次缴费，对自主选择高档次缴费的政府代缴费人员，代缴费直接计入个人账户。随着城乡居民收入持续增长、参保意识不断提高，选择高档次缴费的人员越来越多，个人账户养老金也越来越多。"宁夏人力资源社会保障厅养老保险处相关负责人说。

随着养老保险制度运行深入人心以及经济条件改善和参保观念转变，政策导向作用比较明显，参保可持续性逐步增强。宁夏广大居民正在摆脱长期形成的子女养老、土地养老传统观念影响，转变政策周期长、见效慢等固有认知，参保缴费积极性得以提升。随着年龄增长，缴费额逐步增加，越是接近领取养老金年龄，越是选择较高档次缴费，主要原因在于临近享受待遇年龄预期，期望得到较高养老金待遇所致。同时，避免从众心理干扰，居民根据个人实际自主选择缴费档次，尤其是南部山区、中部干旱带等欠发达地区部分家庭在缴费能力有限情况下仍然选择中高档次缴费。

"个人缴费3 000元，政府补贴320元，缴费年限达到15年，每月领取养老金就有638元；缴费每增加一年，基础养老金每月增加4元。"在灵武市宋桥村村部，每当有村民来咨询城乡居保缴费事宜，社保协办员马桂莲总会举起一张黄色A3纸大小的城乡居保缴费及待遇测算表。

马桂莲操作电脑非常熟练，全体村民缴费、领取待遇情况一查便知。"虽说有这张测算表，村民们一看便明白'多缴多得'的道理，但谁家老年人领取的养老金最高，便是宣传多缴多得、长缴多得的最佳榜样。"马桂莲告诉记者，去年4月，宋桥村村民王文花开始领取养老金，每月达到572.8元，这在全村一下就传开了，今年不少村民选择最高3 000元缴费档次。

作为一名社保协办员，马桂莲负责涉及群众切身利益的领取养老金待遇、死亡丧葬费、资格认证等高频事项，让群众在家门口办好社保业务，赢得群众"最好办的事"口碑。

王梅玲介绍，2013年以来，为加强基层社保经办工作力量，在灵武全市70个行政村，15个社区的村委会、居委会工作人员中，各聘用1名兼职社保协办员，每名社保协办员聘期为5年。"社保协办员已成长为服务基层群众办理社保的桥头堡、排头兵，每年办理社保事项3.5万余件。"王梅玲说。

坚持尽力而为，提升保障水平。下一步，宁夏将围绕健全覆盖全民、统筹城乡、公平统一、安全规范、可持续的多层次社会保障体系目标，继续优化完善城乡居保待遇多方筹资调整机制，将提高城乡居民基础养老金标准作为宁夏建设黄河流域生态保护和高质量发展先行区的重要工作，不断强化社保管理措施和夯实经办服务，在建机制、可持续、惠民生等方面见真章出实招，在保基本、稳增长、利长远等方面精准施策发力。

（游翀）

丝路天山焕发活力　创业就业续写新篇

——记新疆维吾尔自治区就业工作

大漠孤烟处有绿洲花海，长河落日时兆锦绣明天。

在这片约占全国陆地总面积 1/6 的土地上，天宽地阔民族众多，安居乐业在稳疆固疆中尤为重要。党的二十大以来，新疆维吾尔自治区全面贯彻新时代党的治疆方略，在加快推进油气生产加工、煤炭煤电煤化工、绿色矿业、新能源新材料等"八大产业集群"建设的同时，持续保障和改善民生，坚持就业优先战略和积极就业政策，推动就业工作高质量发展。

站在新时代的起点，自治区各级人社部门砥砺前行，以促进更加充分、更高质量就业为目标，推进各项稳就业政策措施和公共就业服务活动落地，促进高校毕业生等重点群体就业，促进农村劳动力多渠道外出务工，促进各族群众就业增收，让有就业意愿的每一个人都得到就业服务，每一个有劳动能力的人都实现就业。

抓重点树品牌，激发就业新活力

城镇实现新增就业43.98万人，20.19万名城镇失业人员实现就业，2.9万名就业困难人员实现就业，应届高校毕业生就业去向落实率超过90%。这是截至2023年10月底，新疆维吾尔自治区就业工作的成绩单。

"我是学农业的，这家企业的化验员岗位特别适合我。"在伊犁哈萨克自治州巩留县人力资源社会保障局举办的招聘活动现场，刚刚填完登记表的石河子大学应届毕业生阿依格尔·孜克尔告诉记者，县人力资源社会保障局微信公众号每周都发布招聘信息，"这种招聘活动让求职者和企业面对面，求职的成功率非常高。"

在自治区，高校毕业生等重点群体在人社部门推动市场化、社会化的就业服务和直接组织的就业帮扶下实现就业的情况非常普遍。

"我们实施了高校毕业生就业创业促进计划、'三支一扶'计划、就业见习计划等一系列措施，引导和鼓励他们到企业就业、到基层就业和自主创业。"自治区人力资源社会保障厅相关负责人介绍，2023年以来，各地还加大做好就业困难人员"一对一"帮扶工作力度，确保城镇零就业家庭至少有一人实现就业。"随着就业信息化建设的发展，现在14个地州市应用自治区就业创业综合服务平台，及时掌握重点群体、重点区域和市场需求变化，使就业服务更加及时精准。"

家里买了新车，孩子上学不愁，月工资从 2 600 多元提高到 4 000 多元……说起这几年的变化，王玉忠感慨万千。

多年前，王玉忠从五家渠市来到昌吉市，经朋友介绍，到新疆巾帼众心人力资源服务有限责任公司务工。原本只打算打个短工，没想到一干就是这么多年。"特别是公司申报的'巾帼老班长'被认定为自治区劳务品牌后，事业发展更是强劲。"作为品牌创建的直接参与者，王玉忠感受到了来自政府的重视和关心，工作起来备感踏实。

"'巾帼老班长'始终坚持充分发挥劳动密集型行业在实现'稳就业、保居民就业'目标任务中的独特优势，协助解决退役复员军人、就业困难人员、少数民族等群体就业增收问题。"新疆巾帼众心人力资源服务有限责任公司董事长萧民告诉记者，公司成立以来，先后在乌鲁木齐、昌吉、阜康、吉木萨尔、石河子、巴州、阿拉尔、和硕等地注册成立 8 家分公司，业务遍及自治区 10 个地州和兵团 5 个师市，近年累计吸纳城乡富余劳动力实现稳定就业达 5 000 多人次。

劳务品牌建设是推动劳务经济发展，促进城乡劳动者实现高质量充分就业的重要途径。

屋内干净整洁，屋外花园飘香，今年 7 月，袁晓立在伊犁哈萨克自治州特克斯开了一家民宿，取名"柒柒花宿"，他也成为一名"特克斯民宿管家"。"我这里固定用工 2 人，旺季的时候还要再雇 9 名工人。"开业不到 3 个月，袁晓立收入了 30 万元。

在特克斯县，不论是城市民宿、景区民宿，还是乡野民宿、牧家民宿，都能看到"特克斯民宿管家"的身影，通过打造"特克斯民宿管家"劳务品牌，带动民宿餐饮、民宿旅游产品和民宿歌舞等产业的发展，旅游消费质量的提升，自然带动就业岗位的拓展。

一个经纪人带活一个村，几个经纪人带动一个乡，劳务经纪人协会带动全县。在距离特克斯县 70 公里的巩留县，人社部门通过不断提高劳务经纪人市场竞争力，充分发挥劳务经纪人作用，为有意愿转移就业的富余劳动力提供灵活、充足、高质量的就业岗位，叫响了"巩留劳务经纪人"劳务品牌。

在自治区，不同行业、不同特色的劳务品牌有着共同的优势特征，就是带动就业能力强。2022 年，人力资源社会保障厅认定的 10 个自治区级劳务品牌带动就业 1.5 万余人，带动就业成效明显。今年，经过地州市和县两级人社部门推荐，共有 51 个劳务品牌建设单位申报参加自治区级劳务品牌认定。这些"新鲜血液"为进一步促进城乡劳动力高质量充分就业带来了活力。

促创业带就业，创造幸福新生活

晚上 9 点，家住自治区昌吉市聚合社区的巴吾冬·尼亚孜熄灭了炉火，拾掇干净后，锁上了店面的大门。一天的忙碌，

也难掩他脸上的笑容。

如今，巴吾冬烤包子店已经成为当地的网红餐厅。2023年，巴吾冬·尼亚孜的第三家烤包子店开业，一天总共能够卖出4 000余个烤包子。

然而曾经的巴吾冬一家，5口人只靠他打零工为生。"后来，政府知道我学过烤包子的技术后，给我指了一条康庄大道。"巴吾冬·尼亚孜告诉记者，2017年，在社区和人社部门工作人员帮助下，他开了个第一家烤包子店，从此改变了自己的人生轨道，"现在3家店一共有11人跟着我干。明年我还要再给两个徒弟各开一家店，让他们也成为创业者，带着更多人过上幸福日子。"

巴吾冬·尼亚孜的故事，是在自治区不断完善重点群体就业创业支持体系中发生的。市场化、社会化就业与政府帮扶相结合，促进了就业困难人员等重点群体多渠道多形式就业创业。

"周围都是青年创业者，有共同话题，在项目和技术上形成互补，抱团发展能少走很多弯路。"在伊宁市大学生科技创业孵化基地，刚刚结束网上直播的伊犁乾川网络科技有限公司负责人陈雅星告诉记者，优渥的创业政策和浓厚的创业氛围吸引他们最终落户创业孵化基地，如今，他的公司已经提供就业岗位18个，年营业额超百万元。

创业是就业之源。在自治区，人社部门锚定高校毕业生等重点群体，组织开展"创业环境优化、创业主体培育"等8项创业推进计划，完善创业带动就业长效机制，加大创业担保贷款及贴息、创业培训补贴、创业补贴等政策扶持，激发市场活力、释放创业动力。

创业首问台、企业沙龙、创业导师室……走进新疆上海科技合作基地（简称申新基地），申新数字经济产业加速器各类办事窗口和配套功能区一应俱全，创业企业在这里能够享受到"一站式"服务。

"我们不断为基地输入东部城市先进的创业孵化理念，提供基础服务、定制化服务，在工商注册、上市辅导等方面给予智力支持。"申新基地相关负责人告诉记者，基地已累计引进培育创业企业 630 家，通过服务创业已有 4 800 余人实现就业，帮助在孵企业获得各类融资 9 645 万元，面向 8 000 余大学生开展就业引导性培训。

申新基地是自治区创业孵化示范基地建设的优秀代表。随着一批批高质量创业孵化示范基地投入运营，人社部门及时跟进服务，修订了自治区级创业孵化示范基地认定管理办法，对现有 7 家国家级创业孵化示范基地进行实地评估，完成第九批自治区级创业孵化示范基地认定和国家级创业孵化示范基地推荐，创业孵化示范基地促进创业带动就业的作用越发显现。

培育专门机构，开辟服务新亮点

项目资助赋能人力资源企业发展，提升就业和人才服务水

平，是自治区人社部门促进高质量充分就业的又一亮点。

2023年4月，新疆人才网人力资源有限公司向所在地人社部门提交了求职招聘网站建设资助申请，很快就获得了10万元资助。

"资金的注入犹如雪中炭，加快了我们新业务拓展速度，让新产品能够很快投入市场。"公司总经理陈雪刚告诉记者，他们研发的新疆人才网招聘大数据平台已服务企业1万余家。

通过指导申报人力资源服务业发展扶持资金奖补支持项目，支持了辖区内人力资源服务企业不断发展壮大。目前，自治区共有23家人力资源服务企业获得骨干企业培育奖励、引才奖励、求职招聘网站建设资助等项目经费支持，总金额达166万元。这些通过扶持成长起来的企业已经服务用人单位3.35万家，服务各类群体流动就业84.91万人次。

人力资源服务业的发展，最需要的是长期稳定的政策环境和措施配套。为此，自治区人力资源社会保障厅印发了自治区人力资源服务业发展扶持资金奖补支持项目申报指南、人力资源服务企业服务水平等级评价等系列文件，各级人社部门结合实际，先后出台本地区相关支持政策，形成推动人力资源服务业高质量发展的政策体系。

在政策、措施与时俱进的同时，自治区人力资源社会保障厅还经常根据企业用人需求变化和社会求职动态曲线，组织各类人力资源服务机构开展为企业引才招聘、为求职者匹配岗位的服务活动。截至 2023 年 9 月底,通过这类活动实现实名制到岗 3.33 万人,使高质量发展与就业扩容提质互促共进。

"公司正处在高速发展阶段,对人才有着旺盛的需求。"采访中,中核汇能新疆能源开发有限公司招聘专员彭勇浩告诉记者,通过人社部门一系列政策措施的落实、市场化中介服务的运作,公司受益匪浅,不但满足了目前需求,还为今后的发展拓展了人才储备渠道。

(赵为　张发)

民生保障用真情　屯垦戍边增豪情

——记新疆生产建设兵团社保工作

"边关最前沿，谁说无人烟。"60多年来，一批批兵团人用汗水浇灌戈壁，让"荒凉戈壁滩，变成大花园"。

几代兵团人，发挥着安边固疆稳定器、凝聚各族群众大熔炉、发展先进生产力和先进文化示范区的功能和作用，成为赓续守土固疆创新血脉、永不退伍永不换防的光荣群体。

为了让屯垦戍边扎根奉献的兵团人享受更好的社会保障，党的二十大以来，新疆生产建设兵团人力资源社会保障局不断推进社保精准扩面、提升服务水平、加大宣传力度、做好风险管控等工作，让兵团社会保障工作成为固疆安边的可靠民生基础。

扩面应纳尽纳，发放及时足额

"年初在棉花地里投了不少钱，现在棉花价格又走低，我这日子过得实在有些紧。"孔亚鹏是兵团第五师九十团12连职工，一直未能缴纳2023年社保费。2023年10月25日，九十团社保所工作人员找到孔亚鹏，向他解释了及时缴纳社保费与其切身利益的关系。

道理不讲不透。"我自己不但要马上缴清社保费，还要给身边的亲戚朋友们讲明及时缴费这个理。"在了解中断缴费弊端后，孔亚鹏的观念转变了。

兵团人力资源社会保障局畅通部门间沟通协调和信息共享机制，聚焦灵活就业人员、新业态就业人员、新增就业群体、民营企业员工、新增人口，通过政策对号、大数据找人，定位未参保人员，实施精准扩面。

"我们还持续落实快递员参加工伤保险工作，完善工程建设领域按项目参加工伤保险长效机制，实施困难群体政府代缴基本养老保险费政策，确保应保尽保、动态清零。"兵团人力资源社会保障局相关负责人如是说。

2022年7月，户籍在兵团第六师土墩子农场的李生华前往政务大厅办理其他业务时，当地社保所工作人员主动询问其参保相关情况。

当了解到已超过领取待遇年龄的李生华没有领取养老金后，工作人员马上核实情况，得知其近两年才将户口迁到六师，不会使用智能手机办理业务，平时也不在农场常住。

"我们向当地户籍部门和原户籍地人社部门核实后，告诉他现在可以不用缴费直接领取待遇，并帮其办理了相关手续。"在工作人员帮助下，1个月后，李生华领到了自己的第一笔养

老金。

确保社保待遇发放,是兵团筑牢民生服务底线的一大承诺。

"兜牢民生底线、维护社会和谐稳定的根基是政治任务、是底线也是红线,不得出任何纰漏。"兵团人力资源社会保障局相关负责人说,兵团在科学规范编制基金预算、决算,使基金预算更加准确合理的基础上,配合税务部门做好基金征缴应收尽收工作,保障基金收支平衡。同时,加强对师市社保待遇发放情况的跟踪调度,保证全兵团待遇发放步调一致,"在具体工作中,我们坚持基金运行风险分析研判,加强基金收支管理和运行监测,盯紧保发放中最容易出问题的点位和环节,建立应急预案,确保按时足额发放。"

服务线上线下,队伍内外兼修

以运行标准化为基础,以供给规范化为保障,以企业和群众办事便利化为目标,兵团社会保险经办服务水平正在不断提高。

社会保险服务继续推进业务、统计、档案、基金管理规范化,严格执行兵团社会保险业务工作指导手册,持续推进社会保险信息化建设,实现政策落实、业务操作、信息系统、风控管理"四统一"。近年来,兵团在全民参保、全程电子化、多方对账平台、风险防控等方面的项目陆续建成使用,提升了业务经办信息化支撑能力。同时,全面开展数据治理,对质量未达标的历史数据持续跟踪督导整改,不断夯实社保基础数据质量。

"六师社保中心梳理了社保业务事项,将灵活就业人员参保登记、社保待遇查询等 11 项高频、低风险、标准化水平较高的社保业务从社保综合柜员窗口延伸到银行网点。"在中国建设银行昌吉回族自治州分行营业部社保业务经办柜台前,客户经理吴豪告诉记者,昌吉回族自治州的 14 家建行网点全部开通了社保业务经办服务。

银行网点有了社保窗口,银行工作人员也是社保经办人员,社保服务空间的拓展,满足了群众就近能办、多点可办的社保需求。截至目前,兵团人社部门已建成服务网点 252 个、超级柜台 495 个,"就近办"落地生根成为常态。

在线下网点增加密度的同时,兵团人力资源社会保障局还改进线上服务,让更多社会保险事项"网上办""掌上办""跨省通办",使"不见面"服务成为主渠道。他们还推出"免跑即领、免证即办、免登即发、免申即享"四免经办模式,失业保险待遇"畅通领、安全办"行动,越来越多的服务事项达到精准认定、主动发放。

此外,为建设高素质社保经办队伍,兵团人力资源社会保障局不断加强社保法律法规政策学习和业务钻研,定期开展练兵比武和兵团社保"大培训"活动,培养出政治素质和专业本领"双过硬"的精兵强将。

政策应解尽解，筑牢风险防线

"欢迎来到二师融媒官方抖音直播间，今天是社保政策解答专场，本场直播我们将为大家解读社会保险相关政策和解答您关心的社保问题。"2023年11月1日，在兵团二师社会保险事业管理中心的"社保政策解读"线上直播间，工作人员正在逐一解答观众留言提出的问题，语言通俗易懂、互动融洽。短短1个小时，1 000余人次进入直播间观看。

这是兵团人社部门广泛、深入开展政策宣传宣讲的一个定期活动。

兵团人社部门围绕与百姓利益密切相关的养老保险全国统筹、社保经办条例实施等重大改革举措，利用微信公众号、抖音等网络新媒体传播速度快、覆盖面广、互动性强的优势，多频次、接地气地聚焦群众关切，回应各种疑难，让社保政策深入人心。同时，兵团人社部门用心讲好增进人民福祉的社保故事，展示社保经办服务工作成效，树立社保经办服务品牌；密切关注舆情动态，及时回应社会热点，营造良好社会氛围。

对外宣传好，对内守护牢。社保基金是百姓的"养老钱""保命钱"，必须万无一失。

"我们组织开展了社保基金管理监督三年巩固提升行动，筑牢政策、经办、信息、监督'四位一体'风险防控体系，构建'人防、制防、技防、群防'四防协同的风险防控机制，社保基金信息化监管水平在稳步提升。"兵团人力资源社会保障局相关负责人说,兵团在整治基金管理问题上已取得阶段性成效,经办风险从被动消减"存量"向主动遏制"增量"转变。

"下一步,我们要继续强化基金投资监管,做好基本养老保险基金和年金基金投资运营监管,确保基金安全和保值增值。"兵团人力资源社会保障局相关负责人说。

(赵为　李建军)